INTRIGAS DESESPERADAS
Y OTROS COROLARIOS

ángel m. agosto

ISBN: 9781500748609

LA CASA EDITORA de Puerto Rico
Apartado Postal 1393
Río Grande, Puerto Rico 00745
lustrodegloria@yahoo.es

HECHO EN PUERTO RICO

Primera edición, septiembre de 2012
Segunda Edición septiembre de 2014

A Emelí Vando, ejemplo
de luchadora

INTRIGAS DESESPERADAS
Y OTROS COROLARIOS

Selección de ensayos cortos publicados en periódicos regionales y políticos durante los años de 2011 y 2012, principalmente el periódico *Impato del Noreste*. Algunos también se publicaron en la edición electrónica de *Abayarde Rojo* (órgano del Partido Comunista de Puerto Rico) y otros medios.

El autor ha publicado *El hombre del tiempo y otros cuentos* (2004), *Lustro de gloria* (2009), *5 ensayos para épocas de revolución* (2014) y *Voces de bronce* (2014). Fue subsecretario general del Partido Socialista Puertorriqueño en los años setenta del siglo pasado y columnista regular del periódico *Claridad* en la época en que fue diario de los trabajadores.

Contenido

Militante sin desvíos ni coartadas falsas

(Texto leído por el autor de este libro el 5 de octubre de 2013 en acto de recordación de Emelí Vando Vélez)

"Te quiero mucho, angelito. Tu voz es para mí un aliciente para continuar viviendo." Son palabras de nuestra querida amiga y luchadora incansable, Emelí Vando Vélez. Las pronunció a la 1:51 de la tarde del 13 de septiembre de 2013, en mensaje grabado. En ese instante no me encontró a través del teléfono. El propósito de la llamada fue pedirme que le acompañara a Lares. Mi respuesta fue categórica, como casi todo lo que digo: **"no iré a Lares sin ti."** Y no fui a los actos conmemorativos del Grito de Lares sin ella.

Esa vida, que tantas obras magistrales nos dejó, que a tantos marcó con su verbo suave pero contundente, se desvaneció ese mismo día. El día más importante de la patria que amó. El día bandera de una lucha anticolonial de la que ella fue militante tenaz. Recuerdo cuando le entregué mi último libro *Intrigas desesperadas y otros corolarios*, acabado de salir de la imprenta. Al notar que la obra decía en la dedicatoria "A Emelí Vando, ejemplo de luchadora", salió a la calle gritando de alegría. Ese incidente retrata a esa grandiosa mujer. Recordemos y celebremos ese júbilo por siempre.

La conocí en algún momento a fines de los años sesenta. Fue en el merendero del centro de estudiantes de la Universidad de Puerto Rico, en Río Piedras. Yo hacía la fila con la bandeja en la mano a la hora del almuerzo. Ella estaba al frente. Noté que escogió varias gelatinas, lo que llamó mi atención.

—¡Ajá, te gustan los postres, ah! —le comenté.

La delgada joven giró el rostro y me regaló una sonrisa. Pocas veces vi esplendor mayor en semblante alguno. Instantes más tarde estábamos conversando en la mesa. Explicó que las gelatinas eran por recomendación médica.

—Padezco de escoliosis —dijo.

Por algunos segundos la miré mientras buscaba

en mi mente de campesino serrano qué quería decir la palabra. Hasta que tomé la decisión, a riesgo de parecer estúpido ante esa muchacha que acababa de conocer:

—¿Qué es eso?

—Es una enfermedad de la columna vertebral, degenerativa.

Contó que a los trece años los médicos en los Estados Unidos la habían desahuciado. No le auguraban mucho tiempo de vida, porque el cuerpo se torcería como un caracol. Pero en la Unión Soviética le dieron el aliento con el que pudo enfrentar la muerte a lo largo del siguiente medio siglo.

Una valiente mujer, doña Emelí Vélez, la Pasionaria Boricua como llegó a decirle don Gilberto Concepción de Gracia, cargó con su hija amada por la mitad del planeta. Hasta que dio con los facultativos que le salvarían la vida. Unos médico socialistas, formados con una visión del mundo en que el dinero no es óbice en absoluto, cuando se trata de seres humanos.

La ciencia y las ideas socialistas habrían de ser motor de esta luchadora. Batalló por su salud pero con mayor tesón por sus altos ideales. Una parte importante de esa vida creativa la vivió en los hospitales. Desde allí inició la fundación de instituciones de defensa de los pacientes y discapacitados a tal punto que la legislatura colonial tuvo que hacerle un reconocimiento por sus iniciativas.

Se convirtió en un pincel de renombre. Sus obras han recorrido diversos países. Varias veces, a principios de este mismo año, le acompañé al pasillo del hotel Meliá, en Río Grande. Allí ponía su mesa junto a la de otros artesanos que trataban de ganarse la vida con sus artes. El público observaba, asombrado, cómo su lápiz discurría a través del lienzo y en minutos brotaba la silueta exacta del dibujado.

Para mí, lo más impactante fue cuando trazaba niños, los que casi siempre preferían caricaturas, ya fuera surcando las olas del mar sobre una tabla, de pelotero en un gran estadio o representando lo que quisieran ser de mayores. Había que ver aquellos rostros resplandecidos de los infantes al verse pintados como atletas conectando un cuadrangular con el público vitoreando en las graderías o como el médico o bombero que salvará muchas vidas.

Cuando alguien le pedía que le pintara como Superman, Batman o la Mujer Maravilla, ella los orientaba con su dulce voz para que aceptaran símbolos que le ayudaran en su crecimiento como seres humanos. Nunca quiso ilustrar imágenes imperialistas "por ningún dinero del mundo".

Recuerdo la reacción de una turista argentina que observaba su trabajo, callada y con una mirada que denotaba fruición. Después de un largo rato observando, comentó, con esa pronunciación peculiar que tienen los argentinos, ese "español con acento italiano", como dice mi hijo Gabriel:

—¡Dios mío! ¡Esa mujer es creadora de un mundo paralelo!

Para mí, esa es la clave de su arte. Ahí está el *Ataque al Congreso*. No podemos decir que es su obra maestra, porque cada uno de sus cuadros nos sobrecoge. Era muy seria y profesional. Para la representación de ese grito armado que sacudió el mundo el 1 de marzo de 1954, ella investigó. Habló con Andrés Figueroa Cordero, con Irving Flores y con Lolita Lebrón antes de que se nos fueran al *mundo paralelo*, y también con Rafael Cancel Miranda, con quien mantuvo hasta el 23 de septiembre de 2013, una relación de respeto y amor. Recuperó así y plasmó en el cuadro, el tipo de armas, el instante preciso, la orientación perfecta y el minuto exacto de ese grito de guerra que aún se escucha.

Y seguirá escuchándose, porque entre nosotros hay hombres y mujeres como aquellos héroes que tanto admiró esa mujer. Y como ella misma, que militó con su arte y sus ideas, **sin desvíos ni coartadas falsas.**

—Te quiero mucho, Emelí.

Amor

Amor es dar, sin esperar nada a cambio. Es el deseo de fusión interpersonal más poderoso que existe en el ser humano. Crece cuando es recipro- cado. Nace de un proceso simbiótico en que el al- ma se ve irrigada con plenitud y vigor. Pero el amor es más que nada, **dar**. Dar ternura, dar cuidados, dar apoyo y estar ahí siempre, en momentos de felici- dad y también de tristeza. El ejemplo más común es la relación de la madre con su hijo de tierna edad, pues ella da cariño instintivo, y lo hace sin esperar del niño nada a cambio. Cuando el bebe le sonríe, balbucea, abraza, ese dar se torna más poderoso.

No es comparable con el amor a dios, éste es un acto egoísta. Quienes dicen amar a dios, con excepción de aquellos virtuosos en ese campo, quizás expresan un sentimiento legítimo que les nace del alma, pero su acto no es uno de amor incondicio- nal. Hay una condición: resérvame un espacio en el paraíso. En contraste, hay místicos, como Juan de la Cruz, cuyo amor a dios potencia una intensidad in- conmensurable: "la amada en el amado transformado". Erich Fromm, en su obra *El arte de amar*, señala: "La gente capaz de amar en el sistema actual cons- tituye por fuerza la excepción".

Me interesa en este escrito el amor de pareja. Y no entraré en legalismos en torno al matrimonio y las leyes que lo regulan. Menos aún, los aspectos rela- cionados que tienen que ver con los preceptos religio- sos. Me referiré al acercamiento libre de dos seres que inician una relación, y los errores que se comenten al confundir erotismo con amor. Veremos cuánta dis- tancia hay.

El milagro de la intimidad, cuando caen las barreras y se abre la comunicación, ese instante es uno de los momentos más estimulantes y excitantes de la vida. Es cuando ocurre una anarquía interior que sacude de tal modo a la mujer o al hombre que, llegan a creer convencidos, el orden lo pone solo el ser amado. Y es que se resuelve una de las necesidades más profundas del objeto del amor, lo que Fromm llama la "separatividad" y a lo que García Márquez se refiere como "soledad". Muchas obras literarias y tratados filosóficos llevan esos conceptos en sus títulos.

Superar la soledad se plantea como una necesidad apremiante. Hay quienes recurren al alcohol, la droga, la religión, pues la angustia y el tormento de la soledad les avasalla. Y los hay que recurren al sexo, al sexo desesperado sin importar nada y a riesgo de todo. Y luego dicen "te amo, mi vida".

Al respecto, un relato reciente de una amiga es revelador en cuanto a lo superfluo que resulta este tipo de relación casual y no por ello menos intensa. Y es interesante, todo comenzó con un intercambio de mensajes de texto. Esos mensajes fueron subiendo de tono, por iniciativa de ella, hasta que llegaron a la pornografía; se hicieron en extremo gráficos. Cuando la amiga lo contó mi primera reacción fue: con el contenido gráfico explícito de esos mensajes estableciste tú misma lo superficial de la relación, y él te tratará como tú quedaste definida en esos mensajes. La palabra en cuestión no la diré, pero es claro que ella se dio cuenta de su error.

¿Es eso amor, o es la satisfacción de deseos pasajeros, inmediatos? Ese acto erótico, sobre todo en las personas dadas a la promiscuidad, es una de las manifestaciones más singulares de la miseria espiritual que viven las sociedades bajo el imperio del egoísmo en el capitalismo. En el acto sexual sin amor impera el afán de cada cual de suplirse a sí mismo satisfacción, ni siquiera de satisfacer al otro.

Viene a cuento una experiencia personal que por primera vez relato fuera de mi círculo íntimo. Se trata de la *maldición de Tamara*. Todavía en la adolescencia, en mi primer año universitario, engañé a Tamara, mi novia, con otra chica. Ella me encasilló en un pensamiento sublime solo posible por el inmenso poder de su mente. Lo interpreté como una maldición sin reproche, ni siquiera podía verse como venganza.

El resultado fue que yo no funcionaría en la intimidad si no se daba en una relación de amor. Pude comprobar la certeza de ello en dos ocasiones todavía a temprana edad, y desde entonces le huí a los encuentros casuales como el diablo a la cruz. Las mujeres que no me olvidan son aquellas con las que pude entablar una verdadera relación de amor.

Sé de personas que dejan a su familia para irse detrás de estas aventuras en una especie de locura temporal, poniéndolo todo en riesgo, incluyendo la estabilidad familiar. En una ocasión una amiga dijo: "es que ese hombre me atrae de una manera que no me la puedo explicar". Y partió hacia esa aventura orgiástica y de paso elaboró las más sofisticadas mentiras en el hogar. Tuvo la hipocresía de publicar en Facebook una foto de su hogar que proyectaba la falsa imagen de felicidad familiar.

Se trata de una familia torturada por la traición, la mentira y el egoísmo. Es la mojigatería que caracteriza a una sociedad de consumo, que solo busca y premia satisfacciones inmediatas y no estimula el acto desinteresado de dar, el acto genuino de amar.

No he querido decir que el acto sexual no lleve al amor. Cuando la relación no se queda en lo superficial y aspira a hacerse estable, y los seres amados se cuidan el uno al otro, de manera continua y desinteresa, entonces estamos hablando del nacimiento de amor. El musulmán Rumi dijo: "Nunca el amante busca sin ser buscado por su amada".

Cuando de verdad hay amor entre dos seres, el acto sexual se torna en extremo excitante, pues ambos dan a su pareja todo el poder del amor. Una amiga que nunca había tenido un orgasmo, tuvo diez en un solo encuentro sexual y al final logró lo que es muy difícil, el orgasmo múltiple, cuando el hombre o la mujer entra en un estado de ingravidez o borrachera sin tomar licor. Esa experiencia inició un enlace de amor de toda la vida. No es que el hombre en cuestión sea físicamente un portento, es que el acto sexual se potenció con el amor.

Las sociedades modernas, desde el nacimiento del capitalismo en el siglo diecisiete y poderosamente marcadas por las tecnologías de las comunicaciones, está definida por el individualismo y el egoísmo extremo. Con cada quien pensando solo en sí mismo, buscando el lucro para obtener objetos en el mercado, es difícil que se desarrolle amor como lo hemos definido. Nada más contrario al arte de amar que ese consumismo sin control.

Madame Bovary

Ojeaba *Madame Bovary*, novela francesa que había leído en mis años universitarios. Buscaba ideas para redondear la caracterización del personaje de una novela en la que trabajo. Quedé atrapado en la exquisita prosa y devoré las 450 páginas de un tirón. "No es posible", me decía, pues había olvidado los detalles del argumento de la obra, "es como si ocurriera en Canóvanas en estos días". La novela de Gustave Flaubert nos relata una historia verídica de una mujer adúltera, ocurrida hace más de ciento cincuenta años en Francia. "Porque la palabra humana es como un caldero rajado con el cual tañemos melodías aptas para que bailen los osos cuando quisiéramos conmover a las estrellas".

Es como si en ese tipo de personas existieran unos patrones universales: uno, en la mujer termina transformándose su semblante, se hacen más lozanas y bellas; dos, su voluntad se somete hasta el nivel de la humillación al amante, sobre todo si éste es controlador y agresivo; tres, la mujer perfecciona sus técnicas de manipulación y engaño, y cuece maniobras inverosímiles en que se presenta a su familia como dulce y amorosa en extremo, y sensual con su marido como nunca antes. Estos personajes se caracterizan por su frivolidad, falta de amor real para sus seres más entrañables, y el engaño entre los amantes mismos.

En la mujer adúltera se produce, en la primera etapa de la relación, una entrega total, casi rabiosa, al amante, que la coloca dispuesta a prácticas sexuales extremas e impublicables. En algunos casos los amantes adúlteros llegan a excesos inauditos, dispuestos a ejecutorias casi públicas, como besos apasionados en lugares de trabajo, coitos en oficinas de libre acceso de terceros casi al frente de sus compañeros de trabajo y eventos similares.

En la novela de hace ciento cincuenta años la adúltera teje su manto y leyenda, como ir a otra ciudad por días consecutivos a tomar clases de piano que en realidad no toma ("esos cursos son más efectivos si se toman de manera consecutiva y concentrada", le dice al marido para justificar su ausencia de varios días cada semana, lo que le permitió llevar una doble vida). También, para más sorpresa sobre su vigencia, la adúltera obtiene el apoyo de terceras personas en intercambio de favores. Esa actualidad es lo que le da a obras como *Madame Bovary* su universalidad.

Madame Bovary fue sorprendida *in fraganti*. Y el peso de la vergüenza la llevó al suicidio: "...tras humedecer el pulgar en el óleo, ungió a la moribunda; primero, en aquellos ojos que tanto habían deseado los lujos terrenos; luego, en la nariz, tan deseosa siempre de percibir brisas y perfumes amorosos; después, en la boca, que tantas veces se abrió para la mentira, para la queja soberbia, y para el grito lujurioso; después, en las manos, que tanto se deleitaran en suaves contactos; y, finalmente, en la planta de los pies, aquellos pies que en tantas ocasiones corrieron veloces, cuando acudían a saciar sus deseos, y que ya no andarían más".

Hoy esas personas no tienen tanta vergüenza.

Mentira

El Presidente miente. También lo hace el Gobernador y todos los legisladores, sin excepción. Le miente el padre al hijo, a la esposa, y ésta le miente también a todos. La mentira preside el país y nos gobierna. Es un arma y tiene el propósito de engañar y encubrir la realidad. Esto siempre se hace con un objetivo, ya fuera político, social o designios individuales. Ese objetivo siempre es maligno.

El ejemplo clásico es la Alemania nazi. Allí un pueblo entero fue engañado por sus gobernantes y se le hizo creer, y el pueblo lo aceptó con fanatismo, que ellos eran una raza superior y estaban destinados a gobernar el mundo. Toda una concepción errónea que decenas de millones de seres humanos aceptaron como resultado de una de las más grande manipulaciones de masas de la historia. Al mundo le costó la guerra más sangrienta que se ha conocido.

Hoy la mentira se ha entronizado en las sociedades de desigualdad social como nunca antes. Que alguien le mienta a otro parece ser lo normal en nuestra vida cotidiana. Y la mentira no se da en el vacío. Siempre hay un propósito, un objetivo. Para entenderlo, vamos a ilustrarlo con un ejemplo que tomo de la vida real.

Una mujer casada infiel necesita proyectar una imagen de estabilidad familiar y hogar feliz. Ello se hace esencial para sus encuentros furtivos con su amante, que también resulta ser un hombre casado con un hogar "estable". La mujer presenta a su marido una imagen sensual, y hasta sostiene con él relaciones sexuales intensas para que no sospeche, y como parte de su manipulación teje un manto y leyenda verosímil cuyo objetivo es encubrir sus movimientos inmorales. Para más, su hermana y su cuñado, religiosos hipócritas, le cubren sus movimientos lascivos. ¿Quién osa dudar de la palabra del Señor? Ella se va con su amante en prolongados encuentros de lujuria sin pizca de amor, mientras la familia (sus hijas, su marido) dejan de ser el centro de su atención.

Entre mensajería de textos a toda hora, conversaciones telefónicas y encuentros sexuales, dedica a su amante más del doble del tiempo que dedica a su familia. Es una vida vacía, sin contenido espiritual y donde sus seres más entrañables pasaron a un segundo plano. Ella se convirtió, para usar el termino con que su mismo amante la designó, en una "cuero", "carne nueva" como la que él, en su rol de trotamundos, está acostumbrado a encontrar en la calle. Ella, en su estado de inconsciencia, no siente ningún remordimiento al besar a sus hijas con la boca aún con el aliento del semen de su amante.

Se queja de que su marido amenaza con irse de la casa, y es que su mente nublada por sus orgías no le permite entender que ella es la única causante de la tragedia de su hogar. En cuanto al amante, a él no le importa un comino el daño que causa, siempre que pueda disfrutar de "carne nueva" (así es de cínico) y sin inmutarse de la inmoralidad extrema de haber iniciado su relación lujuriosa en la misma cama matrimonial del "hogar feliz". Después de todo, está acostumbrado a hacerlo en su vida de semental, que anda prostituyendo mujeres casadas como parte de su rutina laboral.

Hay personas, como la mujer del relato que llegan a constituirse en maestros del engaño. Lo hacen con extraordinaria entereza, manejando técnicas de su hechura, y adornando la mentira de tal manera que ésta parece quedar confirmada como verdad absoluta. Se resguardan con un tejido encubridor y una red protectora de gran solidez, como en este caso los religiosos hipócritas y las amigas que se prestan a participar del engaño sin tener cabal conciencia de lo que hacen.

Es una realidad que se reproduce a todo lo largo y ancho del país. Nuestros hijos crecen y se desarrollan en el seno de familias rajadas por esa podredumbre moral y después nos quejamos del rumbo que toma la juventud. Es el derrumbe espiritual y la caída de valores de la modernidad.

Rumbo perdido

Un segmento mayoritario del independentismo atraviesa por una crisis muy profunda desde fines de los años setenta. Improvisaciones, falta de planificación estratégica, elitismo, afán de protagonismo individual y ausencia de contenido social son algunas de sus características principales. Ello convierte a los sectores dispersos en terreno fértil para proyectos fatuos como los que se circunscriben a la por algunos recién descubierta palabra "**soberanismo**". Cuando el movimiento independentista alcanzó un contenido clasista proletario que reivindicó y se hizo partícipe de las luchas de obreros y trabajadores por el cambio social radical al tiempo que diseñó e implementó una estrategia revolucionaria clara y realista encaminada hacia la independencia y el socialismo siendo ambos aspectos (independencia y socialismo) **uno solo**, la lucha se masificó y pudo desarrollar poderosas instituciones de apoyo. Si entrado el Siglo XXI hemos visto logros significativos (salida de la Marina de Vieques, democratización de los medios de comunicación y libertades civiles, crecimiento relativo de las luchas sindicales) es porque son coronación de los esfuerzos que se hicieron en los años setenta, hace más de cuarenta años.

Quienes optan por la vía electoral del independentismo caen en una profunda desmoralización elección tras elección, grupos no electoralistas demuestran su inhabilidad para enfrentar los desmanes del régimen y las organizaciones armadas demuestran con mutismo su incapacidad para levantar la lucha, en tanto otros se unen al colonialismo.

En general, nuestra lucha de independencia ha perdido el rumbo, y también la calle, hoy bajo el control del hampa. Y para colmo, en vez de fortalecer las organizaciones independentistas, algunos toman senderos trillados, como lo es el llamado movimiento soberanista.

Sobre esto es importante hacer una aclaración. Es bueno que sectores de la izquierda del PPD busquen atraer a sus centros y derechas hacia posiciones anticoloniales. Ello podría convertirse en un gran movimiento progresista, como lo fue el Partido Popular antes de perder el rumbo. Otra cosa es que independentistas den un paso atrás en pos de lo que podría terminar en quimera.

¿No fue con esa retórica soberanista que Luis Muñoz Marín, después de fines de la década del treinta, llevó al independentismo, que era mayoría entonces, al barranco del colonialismo y, así legitimado, entregó el país al capitalismo extranjero?

Tiempo de reflexión

Durante los períodos electorales los partidos políticos seleccionan sus candidatos, afinan sus programas y toman decisiones de cara a las elecciones generales. Es una buena oportunidad para la reflexión. Y esto no es poca cosa. Es adentrarse en los problemas que nos aquejan, investigar con seriedad y tomar determinaciones, es decir, tomar partido.

Tomar partido es fijar una posición política. Por lo general, nos decidimos por los que consideramos los mejores candidatos si optamos por participar en las elecciones. Es cosa difícil en nuestros días. Hay quienes deciden a base de ideologías en torno al status político: independencia, estadidad y ela. Sin embargo, hace un cuarto de siglo que las elecciones coloniales las está decidiendo otra cosa.

Las elecciones las deciden no los que reflexionan, sino los que reaccionan. Como los gobiernos son tan malos y corruptos hay que tumbarlos. Pero esa masa de electores maneja solo dos opciones: populares o penepés. No utilizaron otras alternativas que estuvieron disponibles en las elecciones de 2012, como el PIP, el MUS, el PPT. No lo hicieron ya fuera por prejuicios o desinformación.

Un sector significativo de la ciudadanía reacciona subiendo a aquel partido que, con posibilidades de éxito electoral, se colgó en las anteriores elecciones. Eso ocurrió de nuevo en las elecciones de 2012. Y así hemos estado por décadas, alternando en el gobierno central a los que vienen siendo los mismos intereses con distintos nombres.

Y es porque en las elecciones coloniales en realidad no se decide nada. Hay un partido que siempre gana. Se trata del partido de los ricos, los poderosos que nunca pierden bajo el sistema capitalista. Enquistados como están en el poder real, les resbala si es el PNP o el PPD el que "gana", siempre y cuando cada uno de esos partidos sirva a sus intereses económicos.

En el caso de un país colonial como el nuestro la situación se torna peor. Las decisiones políticas fundamentales las toman los foros de poder del país interventor, es decir, el Congreso de Estados Unidos. Su aparato ejecutivo asume cada vez más poderes sobre Puerto Rico. Sus ejecutivos, en cuya selección no participamos los puertorriqueños, además de trazar las políticas fundamentales sobre Puerto Rico, toman decisiones específicas que nos afectan en nuestro diario vivir. Ninguno de esos funcionarios serán electos en las elecciones de noviembre de cada cuatro años en la Isla y, sin embargo, estarán en poder y mando por encima de los que sí serán electos.

Aún así, esa estructura extranjera también está bajo la sujeción política del gran capital. Es un capital tan poderoso que se corresponde a cerca del cuarenta por ciento de la riqueza en manos de menos del uno por ciento de la población de Estados Unidos, y se constituye en el poder permanente en ese país, no sujeto a elección alguna. Las elecciones generales allá, como las de acá, son un mero simulacro de democracia.

Es tiempo de reflexión. Y de afinar un plan de trabajo para el cambio radical de ese estado de cosas.

Implosión del capitalismo

La televisión por cable de Estados Unidos estuvo presentando en mayo de 2011 un estremecedor documental titulado "Invasión extraterrestre". A la mano de tecnologías de punta y de los más recientes descubrimientos científicos, el reportaje simula con gran realismo lo que sería una invasión de exterminio, contra los que ni siguiera funcionan las armas nucleares debido a la superioridad del invasor. Solo después de muerta la mitad de la Humanidad descubrimos que la única forma de vencerlos es mediante una "guerra asimétrica" (guerrillas), y para hacerlo los productores norteamericanos se cuidan de no mencionar el más famoso ejemplo victorioso de este tipo de lucha: Vietnam. Por el contrario, ponen el modelo de la guerra de los talibanes contra la invasión soviética en Afganistán. Después de tantos cientos de millones de muertos los humanos logramos vencer. Unida la especie humana de todos los países, desarrollamos formas de entrar en las gigantescas naves extraterrestres posesionadas sobre las ciudades más populosas en los cinco continentes, para hacerlas estallar desde adentro.

No sé cómo vi en esta imagen increíble una metáfora de la revolución anti capitalista mundial. Carlos Marx postuló la caída de ese sistema de una manera similar. Fuerzas internas habrían de "implosionarlo", debido a las contradicciones irreconciliables entre explotadores y explotados. Se trata de la gran contradicción entre el carácter social de la producción y el carácter individual de la apropiación. Contradicción entre el capital y el trabajo, germen de la lucha de clases. Pero el postulado marxista tenía una premisa. Que el nivel de desarrollo de las fuerzas productivas del capitalismo fuera tal que ya no se podría tener en pie, dando paso a un cambio radical: una revolución social. Marx se apoyaba en la experiencia histórica de otros regímenes de producción anteriores y de sus propios estudios de la economía más desarrollada de su época: el capitalismo inglés.

Más aún, llegó a ver con desdén regiones y sistemas con bajos niveles de desarrollo industrial. Pero resulta que, contrario a Marx ideológico, allí sí tuvieron lugar revoluciones socialistas, que, para colmo, adoptaron el marxismo como guía teórica. Tales fueron los casos de las luchas anticapitalistas en Rusia zarista, y de liberación nacional en China, y más tarde, en Cuba y Argelia a fines de la década del cincuenta. Éstas últimas encendieron la mecha para procesos similares en Asia, África y América Latina.

Más cercano, manifestaciones de un nacionalismo revolucionario, tomando en primer término los derechos de los pueblos originarios y la defensa de la naturaleza, grandes legiones de hombres y mujeres asumen el socialismo como única opción. Por algo el propio Marx exclamó: "!no soy marxista!". Lo hizo ante planteamientos de quienes, mal estudiándolo (y a propósito de algo más real e inmediato que una invasión extraterrestre), confundieron la ideología con la ciencia.

Una canallada espectacular

Tenemos en Puerto Rico más de cincuenta tiendas Walmart, Superahorros, Amigo y Sams (todas de la misma empresa extranjera de Sam Walton, inscrita originalmente en Arkansas), pero ahora el gobierno colonial anuncia muchas más. En días recientes se podía ver al gobernador Fortuño eufórico por la multimillonaria inversión en la Isla de la multinacional de más de ochocientos millones de dólares en los próximos diez años.

El Gobernador anuncia con bombos y platillos que se crearán más de cinco mil empleos. Lo que no dijo es cuántos empleos se destruirán como resultado de sus operaciones. Walmart deja a su paso una estela de destrucción del pequeño y mediano comercio, convirtiendo poblados prósperos y alegres en pueblos fantasmas.

Desde su fundación en 1962 las cadenas Walmart están causando estragos en distintos sectores urbanos de Estados Unidos. Hay comunidades cuyas asambleas municipales o de condado han prohibido el establecimiento de los Walmart en su área. La práctica es fatídica para las economías locales. A través del mundo opera con distintos nombres sus ocho mil quinientas tiendas en unos 15 países y se inserta en las economías locales cambiando de colores y formas como el camaleón, destruyendo las economías nacionales desde adentro.

¿Cuál es esa práctica? Llegan a un pueblo con un comercio local floreciente. Establecen su gigantesca tienda de veinticuatro horas con prácticamente todos los productos del pequeño y mediano empresario. Arrancan ofreciendo precios muchas veces por debajo de los costos del comercio tradicional. Las tiendas autóctonas comienzan a cerrar porque no pueden con la competencia que les representa Walmart. Al cabo de dos años, cuando todo el comercio pre existente ha sido destruido, el poderoso pulpo comienza a subir los precios de manera abusiva, pues ya no tiene competencia.

¿Y los miles de empleo que genera? Ese es un argumento falso, como muchos similares de las grandes transnacionales. Se han hecho estudios en Estados Unidos que concluyen que por cada empleo que crea destruye diez. Además, en el afán del lucro rápido y descomunal que les caracteriza, la mayor parte del empleo que estas grandes empresas produce es empleo parcial, y así se liberan en parte de las contribuciones de nómina.

Además, a diferencia de los negocios tradicionales de familia, así como el mediano comercio, los Walmart expatrian el capital, pues sus ganancias no se reinvierten en la localidad. Se van fuera de la comunidad, a los centros matrices de las transnacionales. El impacto de esto es más fuerte en Puerto Rico, pues es capital en fuga que abandona la Isla.

La tienda de Canóvanas es un claro ejemplo de este desastre. Sé de comercios de más de cincuenta años de establecidos que tuvieron que cerrar operaciones a raíz de la apertura de Walmart en septiembre de 2008. Otros bajaron sus ventas en más de un cincuenta por ciento el primer mes y los que no cerraron se quedaron con ventas de menos de un treinta por ciento. Canóvanas perdió como resultado de la apertura de Walmart la tienda Juan José, que ya iba para su cuarenta aniversario, y otras como la Carnicería Reyes, Me Salvé y Auto Expreso Commercial.

Hubo una época en que se intentó la usurpación de nuestra economía de esa manera atroz. El gobierno colonial de los sesenta, de manera clara y patente como lo hace ahora Fortuño, se alió con los grandes empresarios extranjeros y comenzó a entregar nuestro patrimonio. Nació entonces el Movimiento Pro Independencia (MPI) y ahora podemos revelar también que su brazo armado, los Comandos Armados de Liberación (CAL), bajo la dirección de Alfonso Beal.

La temible voz de trueno de Juan Mari Brás se hacía sentir frente a cada abuso y se desarrollaron campañas de masas que muchas veces detuvieron esos atropellos. Las grandes cadenas extranjeras perdieron miles de millones de dólares por las acciones armadas y clandestinas de los CAL, y muchas veces los directivos de estas empresas tuvieron que cuestionarse cuán rentable era establecerse aquí.

¡Cuánta falta hace Alfonso Beal para detener esta canallada!

Wall Street es "guerra de clases"

Wall Street es una calle de Nueva York. Intrigado por el poder mundial que se le asigna he caminado por ella horas y horas. Es una calle tan común que hasta vi seres humanos en mis caminatas. En esa calle se establecieron múltiples e importantes bancos y hoy es el mollero financiero mayor del mundo capitalista. Son los hombres y mujeres que dominan el mundo, por encima de los gobiernos. Al comienzo de la segunda década del siglo XXI era centro de atención debido al movimiento "Ocupa Wall Street".

Movimitos similares tuvieron lugar en Túnez, Egipto y tumbaron gobiernos corruptos. La oleada se extendió a España, Israel, Siria, Chile y decenas de otros países en diversos continentes. A Grecia le fueron a "rescatar" varias veces, durante cada una de las cuales el país intervenido salió con una deuda mayor con el Fondo Monetario Internacional. Se trata de los mismos que también han "rescatado" la economía de Puerto Rico, en parte responsable de que la energía eléctrica de aquí esté entre las más caras del mundo.

La indignación en cada país encuentra causas particulares, y se articula de formas diversas. En Estados Unidos el cuadro de desigualdades sociales exhibe características graves. Según Peter Whoriskey en *The Washington Post*: "El 0.1 por ciento de la población tuvo el más alto ingreso de la nación; en 1975 obtuvo el 2.6 por ciento en ganancias y en 2008 el 10.4 por ciento". En menos de una década, del 2000 a 2007, ese 0.1 por ciento de los más ricos elevó sus bienes a 670 billones de dólares. Es una riqueza fundada en la miseria de millones de seres humanos, en una sociedad basada en filosofías individualistas y egoístas.

El ingreso bruto anual promedio de un alto ejecutivo de una corporación es entre once y quince millones de dólares. Los beneficios de los grandes ejecutivos de los mayores veinticinco bancos de la nación ascendieron en 2010 a 135.5 mil millones de dólares, mientras cifras del censo de Estados Unidos para el mismo año indican que el número de personas que vive en la pobreza se elevó a 45 millones. En 2009, la cuarta parte de los afroamericanos y un tercio de los latinos vivían en la extrema pobreza.

La extrema riqueza es responsable no solo de la extrema pobreza. También las guerras de exterminio y de saqueo de unas naciones por otras más fuertes incide en el empeoramiento del cuadro social de los países, incluido los Estados Unidos.

Los Estados Unidos que hoy conocemos emergió con gran poder de la Segunda Guerra Mundial. Fue la guerra más mortal que hasta hoy ha conocido el ser humano. Sesenta millones de muertos (la mitad de ellos civiles) es un costo extremo para un mundo en que priva el afán de lucro de unas minorías privilegiadas. El accionar bélico norteamericano se articula con movidas diplomáticas de gran despliegue que buscan y consiguen dar visos de legitimidad a las más genocidas y criminales guerras contra países pequeños, como ha ocurrido recientemente en Vietnam, Irak y Afganistán, y en la agresión continua de que es víctima el pueblo palestino.

Pero la hecatombe también trajo el esfuerzo emancipador de más de un centenar de nuevas naciones que transformaron el mapamundi.

El presidente Obama dice que los que ocupan Wall Street expresan la frustración del pueblo estadounidense frente al sector financiero. Otras voces en el Congreso no son tan afines. Eric Cantor, líder republicano, dice: "yo estoy cada vez más preocupado por la creciente chusma que ocupa Wall Street y otras ciudades del país". Mitt Romney, el multimillonario candidato presidencial republicano que perdió frente a Obama en las elecciones de 2012, ve la situación como una "guerra de clases".

El diario liberal *The New York Times*, en un editorial publicado el 9 de octubre de 2011, dio la razón a los manifestantes. Acusa a Wall Street de inflar la burbuja del crédito, con la que se lucró y, al estallar, ocasionó la pérdida de millones de empleos. El debate está en las calles, foros casi a diario en Nueva York con figuras prominentes como Naomi Klein y Michael Moore, y han acudido líderes de los movimientos sociales de Grecia y Egipto.

Como colonia aislada, estamos sumidos en la política chiquita, entretenidos con el último trasero que exhibió un legislador colonial, el escándalo de algún narcotraficante en el gobierno o el salario escandaloso de un funcionario público. Hay que prepararse para el ataque frontal a los centros verdaderos del poder hegemónico.

Calidad de vida

Calidad de vida es un concepto sociológico. Se trata del conjunto de condiciones (materiales y espirituales) a que tiene acceso una comunidad en unas circunstancias históricas y culturales determinadas. Tiene que ver con el grado de felicidad. También con la salud y el acceso a los servicios educativos, así como con el costo y sacrificio para obtenerlos.

Hay sociedades en las que la educación y servicios sanitarios son de primera calidad y son gratis. En ellas, el ingreso individual no es tan importante, pues las aludidas, junto a la comida y vivienda, son las primeras necesidades del ser humano. Además, en el campo de la salud el énfasis se pone en la medicina preventiva, se vive bajo unos estilos de vida que previenen las enfermedades. Generalmente esos países tiene bajísimas tasas de drogadicción, criminalidad y los niveles de deserción escolar están prácticamente en cero. La calidad de vida es superior.

Es el Estado, esa entidad en la que los ciudadanos delegamos nuestra protección y bienestar a través de un contrato social, el llamado a cubrir estas necesidades básicas. Y lo cumple en la medida en que sus dirigentes son conscientes de su compromiso con los ciudadanos. Aunque hay casos, cada vez más frecuentes en Puerto Rico, en que algunos de esos dirigentes creen que es la sociedad la que tiene ese compromiso con ellos. Es cuando se trastocan los valores.

¿Qué calidad de vida puede tener una sociedad que dejó morir de desnutrición a un niño de solo cuatro años de edad, como ocurrió en Puerto Rico en 2012? ¿Qué de la niñita de solo dos años buscada para asesinarla por unos matones en venganza por deudas de sus padres, y ello ocurre en conocimiento de la sociedad entera? ¿Qué de la pobreza extrema de las mayorías, mientras unos pocos ricos engreídos disfrutan de riqueza extrema?

Hice un experimento, a propósito de un servicio que necesitaba. Acudí a la oficina comercial de la Autoridad de Acueductos y Alcantarillados (AAA) de Fajardo para una reconexión de agua en Río Grande. No hice gala de conocimientos, ni títulos y cargos. Fui casi descamisado.

Como la casa para la que pedía el servicio estuvo abandonada y no tenía agua ni luz desde hacía cinco años, acudí pensando que con mi nombre y número del seguro social aparecería la cuenta. No fue así, y me enviaron a buscar el número del contador. Así lo hice el mismo día, y al regresar a la oficina comercial de AAA ya el funcionario no me recordaba (o fingió no recordarme). Después de hacer un nuevo turno, otro funcionario localizó la cuenta pero para mi sorpresa, apareció una deuda de más de seiscientos dólares acumulada durante el tiempo que la casa estuvo cerrada sin agua ni luz. Me pidieron la lectura del contador, pero ello no afectó la deuda reflejada en la computadora.

Me enviaron entonces a hacer otro turno en la oficina comercial de la Autoridad de Energía Eléctrica (AEE) para solicitar una certificación de que durante ese mismo periodo la casa estuvo sin luz. Al regresar entregué los documentos al Sr. Maysonet, supervisor de la AAA de Fajardo, quien me aseguró que el siguiente día laborable estarían "tubeando" en mi casa, puesto que la certificación de la AEE confirmaba que sí, que la casa estuvo desocupada durante los últimos cinco años.

Dejé pasar varios días pero el susodicho "tubeo" no se produjo. Acudí de nuevo a la oficina comercial de AAA de Fajardo. Nadie me recordaba, nunca había estado allí y, para colmo, los papeles que había entregado una semana antes al Sr. Maysonet no aparecían por ningún lado. Tuve que ir por segunda vez a hacer el turno en la AEE para una nueva copia de la mencionada certificación. Los entregué de nuevo y anoté el nombre del funcionario que los recibió, hora y fecha. Me prometió el servicio para el día siguiente. Mencioné que no me daban ningún documento que certificara que había estado allí y me dijeron que no era parte del protocolo.

Esperé una semana adicional y no llegó el servicio del cual la AAA tiene el monopolio. Entonces preparé una carta explicativa de los trámites hasta aquí realizados, con copia para ser ponchada. Solo así se presentó al día siguiente en la casa un funcionario de Acueductos para descubrir que había que notificar a "los ingenieros" debido a que no había facilidades disponibles, puesto que la línea a la que estaba conectado el contador había sido eliminada un lustro antes. Dijo que los enviaría al día siguiente.

Una semana más tarde "los ingenieros" no se habían presentado. Acudí a la oficina comercial de AAA de Fajardo, y de nuevo nadie me conocía. Había un nuevo supervisor quien me pidió escrituras y un sinnúmero de otros documentos. Le presenté la nueva carta que había preparado, incluyendo las gestiones realizadas a lo largo de mes y medio. Entonces me refirió a la oficina de "los ingenieros".

A eso se enfrentan los ciudadanos sin recursos. Pero no se crean que le sucede a todo el mundo. Hay un grupito muy pequeño de ahijados a quienes los servidores públicos atienden con esmero. *Son los que pueden comprar una mejor calidad de vida.*

Te traigo una flor

Si algo nos legó el año saliente, podemos encontrarlo en la anécdota de la flor que entregó la estudiante universitaria Teresa Córdoba a un rudo miembro de la fuerza de choque de la Policía, mientras este cuerpo castrense agredía a la masa estudiantil. Un acto de amor y ternura frente a la violencia represiva. Un acto característico de las luchas sociales en Puerto Rico.

Ese movimiento no logró su objetivo inmediato: detener la imposición de la injusta cuota de ochocientos dólares, que la mayoría de los estudiantes no podían pagar. Pero levantó la unidad estudiantil y la solidaridad del pueblo, por la justicia de su causa, por la injusticia de la violencia del Estado, por la madurez y cordura de los planteamientos y estilos del movimiento estudiantil.

En nuestra historia las luchas estudiantiles estimularon las luchas sociales del pueblo. Dio fortaleza y líderes a las luchas nacionalistas de los treinta y al Movimiento Pro Independencia (MPI) de los sesenta.

El MPI fue un movimiento fundado en 1959 cuyos nuevos estilos y concepciones buscaban despertar e incorporar a las grandes masas del pueblo a la lucha de independencia. A partir de la década del setenta puso el énfasis en la organización e incorporación a las luchas sociales y políticas de la clase obrera y se constituyó en Partido Socialista Puertorriqueño (PSP).

A un gran puertorriqueño y viejo tallador comunista debemos esa visión de lo que vino a llamarse nueva lucha de independencia: César Andreu Iglesias. Hasta entonces los conceptos "independencia", "amor a la patria", "la patria es valor y sacrificio" provenían de una especie de semidioses que el pueblo admiraba pero les temía. Eran seres colocados en una especie de pedestal, inalcanzables para las mayorías. Los hermosos discursos, bien articulados por los líderes, eran escuchados con respeto por el pueblo. Pero el pueblo se mantenía a distancia.

Cuando la lucha por la independencia se bajó del pedestal y se comprometió con las causas sociales del pueblo, comenzó una nueva masificación. El énfasis en el trabajo paciente de organización, la compenetración con la clase obrera y el movimiento sindical y el desarrollo de cuadros revolucionarios hicieron del PSP de los setenta la más poderosa organización que jamás existió en Puerto Rico. Era un movimiento de masas de línea marxista-leninista que sostenía que la lucha armada sería esencial en la estrategia liberadora. Su Segundo Congreso en 1975, con gigantescas fotografías de Betances, Albizu, Marx y Lenin, llenó a capacidad el Coliseo Roberto Clemente.

Claridad, fundado por César Andreu Iglesias y Juan Mari Brás en 1959, en los setenta era un periódico diario de circulación general, dirigido por el Comité Central del PSP, se distribuía en centros industriales y comunidades obreras a todo lo largo y ancho de Puerto Rico. Cumplía una función de agente organizador y también instrumento de denuncia de los desmanes del gobierno. Estableció pautas en el área del periodismo investigativo en una época de mordaza y miedo, con una prensa domesticada por el régimen. A diario miles de militantes y afiliados salían a las calles, que eran de la lucha por la independencia y el socialismo y no del hampa como lo es ahora, a educar y organizar a las masas. Y lo hacían, como Teresa Córdoba, con una flor en mano.

Y también se preparaban militarmente. Cientos de cuadros se entrenaban para defender con las armas los logros alcanzados en el plano de la lucha de masas mientras se creaba un ejército popular, capaz de enfrentar a las fuerzas armadas más poderosas del mundo, con la participación del pueblo organizado. Eran tiempos de revolución.

América toda

América está constituida por dos continentes complejos, América del Norte y América del Sur. Es tan basta esta tierra, que en ella un tercio de la humanidad enfrenta casi todos los climas del mundo, simultáneamente. Los dos continentes corren desde el Polo Norte al Polo Sur. Alberga también los más vastos recursos naturales. No existen productos agrícolas y minerales que no puedan darse en América, esenciales para las economías más primitivas y las más desarrolladas. Contiene todos los sistemas políticos, desde el capitalismo más rapaz hasta el socialismo más humanista, desde los países más beligerantes y criminales que han existido hasta los que han dado nacimiento a las formas pacíficas de convivencia humana.

Tomemos el caso de Nicaragua, en el mismo centro de las Américas. Allí triunfó la lucha armada del Frente Sandinista de Liberación Nacional a fines de la década del setenta, y también, en los inicios de la misma década en Chile, habían triunfado de forma abrumadora en unas elecciones generales dos partidos comunistas. Aunque las elecciones fueron a la usanza estadounidense, al coloso del Norte no gustaron los resultados y promovieron un golpe de Estado. Ni en Chile ni en Nicaragua las fuerzas progresistas lograron tomar el poder, a pesar de que los sandinistas derrotaron aplastantemente el ejército somocista y sustituyeron las fuerzas armadas de la oligarquía por unas controladas por el pueblo.

En ambos casos solo pudieron tomar el gobierno, mientras las clases oligárquicas mantuvieron el poder por décadas. No se ha podido reestructurar la sociedad para que el sistema sirva a las mayorías desposeídas, hasta ahora. Pero en 2012 los Sandinistas ganaron de nuevo las elecciones burguesas y la democracia nicaragüense se encamina hacia nuevos rumbos.

El Salvador, también en América Central, es otro ejemplo de lucha guerrillera advenida al gobierno por medio de unas elecciones a la usanza burguesa. El Frente Farabundo Martí por la Liberación Nacional, que lideró una guerra de más diez años, ganó las elecciones presidenciales el 15 de marzo de 2009 y al comienzo de la segunda década del siglo veintiuno es gobierno en su país.

Los Estados Unidos, el país más violento que ha existido en la historia, invadió muchas veces a países más pequeños para establecer áreas de influencia y apoderarse de sus recursos naturales. Envió a cientos de miles de sus jóvenes a guerras genocidas.

Hoy miles de estadounidenses sufren "estrés post traumático" (a raíz de la Primera Guerra Mundial se le llamó "fatiga de combate"). Según estudios, el 39 por ciento de los veteranos encarcelados sufrían este desorden. No pueden comer, no pueden dormir, con las imágenes de cuerpos despedazados andan como verdaderos locos por las calles. He conocido veteranos que regresan de combate que no han podido recobrar sus vidas, son otros, el verdadero amigo quedó en Vietnam, Irak o Afganistán. La burguesía de Estados Unidos es asesina de seres inocentes de los países que invade y también lo es de sus propios ciudadanos, en su inmensa mayoría de familias de trabajadores.

El presidente Wilson manifestó en 1917 su deseo de que los Estados Unidos se convirtieran en fuente de valores morales para el resto del mundo. La clase dominante de ese país lo convirtió en exactamente lo contrario. Es el principal responsable del calentamiento global, siguen incidiendo en este problema de forma catastrófica, se niegan a firmar tratados internacionales dirigidos a controlarlo y producen hambrunas nunca vistas en la historia. Cuando esos mismos hambrientos tratan de entrar a los Estados Unidos, sellan las fronteras. ¿Habrase visto inmoralidad mayor?

Una esperanza nace en nuestros días. Se trata de la Comunidad de Estados Latinoamericanos y Caribeños (CELAC), promovida por Brasil y Venezuela, inspirada en las ideas de Bolívar. Treinta y tres jefes de Estado reunidos este mismo mes de diciembre de 2011 en Caracas, con sistemas de gobierno tan disímiles como los de Colombia y Cuba, con la exclusión expresa de los Estados Unidos, escucharon al indígena Evo Morales, presidente de Bolivia, denunciar el capitalismo y recordar al Che, a Rafael Correa, presidente de Ecuador y al ex tupamaro Pepe Mujica, presidente de Uruguay, llamando al continente a reflexiones anti neoliberales. Están cobrando cuerpo en América toda, los sueños atesorados durante dos siglos de luchas revolucionarias.

Y no es en pos de ideas abstractas sino de esfuerzos concretos. Antes, desunidos, los Estados Unidos saqueaban sus inmensas riquezas mientras el continente se hundía en el hambre y la miseria. Hoy, unidos, usufructúan sus grandes e ilimitados recursos naturales para el bienestar de sus pueblos mientras construyen una nueva nación como la soñaron Bolívar, Hostos y Martí.

En su día los Estados Unidos serán parte, pero solo eso, parte, de esa nueva América.

El Sur emergente

Los países al sur del Río Grande hasta la Patagonia levantan cabeza en tanto el poderoso norteño da visos de una agonía estruendosa. Las otrora naciones pobres construyen unas sólidas economías en la medida en que afirman sus soberanías frente al imperialismo.

En una reciente visita al Perú, el destacado sociólogo norteamericano Immanuel Wallerstein afirmó que la crisis de la deuda de Estados Unidos, que llevó a la Standard & Poor a degradar los márgenes crediticios de ese país (algo que no había ocurrido antes), apunta hacia un desplome definitivo del dólar como moneda de reserva mundial. Ello colocaría al Sucre en una moneda de libre curso en Latinoamérica e instrumental en el objetivo bolivariano para la unidad de nuestro continente, Puerto Rico incluido. El sueño de Bolívar, Hostos y Martí de una gran confederación de las Américas parece más cercano.

El mencionado científico social vaticina años de caos e incertidumbre mundial. Solo las economías emergentes, como los países encaminados al socialismo en América y el resto del mundo superarían la crisis, en tanto en los Estados Unidos y en otros países del Norte habrán guerras civiles y hambrunas masivas. Wallerstein añade que "la situación de Estados Unidos va a empeorar porque se va a eliminar la posibilidad que el gobierno sostenga los gastos necesarios en este momento, creándose una situación peor que la actual".

¿Estamos preparados en Puerto Rico para absorber los grandes cambios que se avecinan?

Habrá un período de grave crisis social, pues los recortes en gastos del gobierno federal incluirán disminuciones significativas en los montos del Programa de Cupones de Alimentos. Hay que recordar que el treinta y cinco por ciento de los puertorriqueños dependen de este programa. Aquí la pobreza afecta la mitad de la población, agravado por la súbita pérdida de decenas de miles de empleos, para hablar solo del año 2012. La perspectiva de corto plazo es de hambre y por lo tanto de luchas populares espontáneas.

¿Existe un movimiento revolucionario capaz de elevar en lucha organizada la indignación que vendrá e insertar a nuestro país en el conjunto de procesos latinoamericanos?

El anexionismo

Hay quien plantea que la tendencia "estadista" (anexionista) en Puerto Rico nació por error. La entrada abrupta de Estados Unidos en la Guerra Hispanoamericana tuvo entre sus consecuencias el "cambio de soberanía" en la Isla y una mañana de 1898 esta, por cuatrocientos años colonia española, amaneció colonia de Estados Unidos.

¿Cuál fue el "error"? Que un grupo de luchadores soberanistas y simpatizantes de la independencia en tiempos de España, bajo el liderato del médico negro José Celso Barbosa creyó que la nación a la cual pasamos como botín de guerra era una "república de repúblicas", es decir, que los estados que conforman esa nación tenían amplia soberanía. Plantearon por lo tanto, anexar a Puerto Rico como una de esas "naciones soberanas".

Barbosa murió en 1921 "desilusionado" porque se había percatado del error.

Un anexionista ilustrado de nuestros días, Benny Franklyn Cerezo, expone esa teoría. Añade que el anexionismo de los años treinta era idealista (ingenuo) y muy *puertorriqueñista*. A nivel popular ese anexionismo era socialista en una de sus vertientes, y tenían como fuente de inspiración la Revolución Rusa y las ideas de Rosa Luxemburgo. Era además un movimiento de orígenes muy humildes. Sostiene este abogado que en los treinta y los cuarenta los anexionistas eran una minoría, el independentismo era una fuerza mayor.

En el seno del Partido Estadista Republicano a mediados de los sesenta nació la semilla de la división. Vino la idea del plebiscito, que produjo la división. Don Luis A. Ferré planteaba participar, contrario a Miguel A. García Méndez.

Como resultado, se creó Estadistas Unidos para participar en el plebiscito de 1967. De ahí nació el Partido Nuevo Progresista (PNP) que ganó las elecciones en 1968. Ocurrió también una ruptura con los republicanos en Puerto Rico, lo que permitió la entrada de los demócratas y otros sectores de la "izquierda social" al anexionismo, aunque eran los tiempos de Nixon. La "estadidad jíbara" incorporó el aspecto cultural, que sin embargo según Benny, Ferré no lo expuso como un concepto.

Bajo las administraciones del PNP se trajeron tantas ayudas federales, que resultó para el trabajador que se ganaba más no trabajando. Benny dice que tiene una teoría: el anexionismo crece más cuando no está "en el poder", debido al *pitiyanquismo*. Los gobiernos estadistas reniegan de lo puertorriqueño y ese *pitiyanquismo* repele al pueblo.

Benny dice que hay mucha ignorancia entre los anexionista sobre el proceso de la estadidad. Por ejemplo, Nuevo México votaba en más de 85% por la estadidad, pero el Congreso se la negaba, pues no hablaban inglés. Solo cuando fue asimilado se le concedió la estadidad. Este extraño estadista dice que muchos congresistas no saben dónde queda Puerto Rico.

En Puerto Rico, dice Benny, no existen las condiciones para la estadidad. El problema racial es uno de los problemas, pero el problema mayor es cultural. Además del factor cultural, está la economía. Para ser estado, el territorio "tiene que tenerse sobre sus propios pies". Al liquidar los estadistas las 936, cancelaron las posibilidades de la estadidad, le eliminaron sus condiciones económicas mínimas. Por eso concluye el ilustre amigo: "estamos en un laberinto, caminamos y caminamos y seguimos en el mismo sitio".

Y yo digo: ¿no está el independentismo de principios del siglo veintiuno en la misma situación?

Ansiamos héroes

Culson ganó, aunque tras un esfuerzo sobre-humano, no alcanzó el oro. Pero llegó a donde más lejos ha llegado un puertorriqueño en el deporte rey de unas Olimpiadas. Su proeza es grandiosa. El país con sobrada razón se desborda en su aclamación. Días antes fui a saludar a Tito Kayak, que había hecho un alto en su peligrosa travesía en canoa por el Caribe, para ver a su padre enfermo (que falleció en esos mismos días). Ése es otro héroe admirable, cuya hazaña es parte de la demanda mundial por la excarcelación de Oscar López, el preso político más antiguo del planeta.

Como Filiberto Ojeda Ríos en su día, un héroe viviente. Rafael Cancel Miranda (Rafaelito, como aprendí a decirle con Juan Mari Brás, su amigo de la infancia) lo dijo bien claro dirigiéndose al público: los héroes son ustedes.

Hay héroes del intelecto. Hace siglo y medio Carlos Marx, durante varios años y en condiciones de vida mísera, sorteando hambre y frío, se metió entre documentos polvorientos llenos de estadísticas de la emergente industrialización de Inglaterra. De allí salió con su obra maestra como Moisés con aquellas grandes piedras que según la leyenda dios le entregó en el Monte Sinaí. Se trata de *El Capital*, la obra cumbre del marxismo.

Desde entonces la clase obrera de todos los países cuenta con una herramienta en la que el socialismo se hizo ciencia. Con instrumento en manos han surgido legiones de héroes que han desplegado a lo largo de casi dos siglos una lucha tenaz por una organización social más justa para los seres humanos. Son los verdaderos héroes, los que sostienen una lucha diaria organizada contra la opresión. Y es a la lucha diaria por la verdadera libertad a que se refiere Rafaelito cuando dice "ustedes son los héroes".

Compartí con miles de esos héroes durante los tenaces años de la década del setenta. Eran los militantes del Partido Socialista Puertorriqueño. Construyeron la más poderosa organización que jamás han tenido los trabajadores antes de que un minúsculo grupo de engreídos se apoderara de la dirección y terminara de destruirla desde adentro. Son las mismas mentalidades pequeñas que hoy mantienen esa lucha estancada en el chiquero inconsecuente en que se ha convertido el esfuerzo emancipador.

No se nos debe escapar, claro está, el efecto de las condiciones materiales sobre la conciencia. Las condiciones de miseria de la mayoría de la población, inferiores al nivel de vida general en América Latina, están encubiertas de manera transitoria. Parte de ese encubrimiento el régimen lo logra mediante programas como el de los cupones de alimentos. Todos sabemos que esas "ayudas" tiene fecha de expiración, y la misma está próxima. La realidad social en Puerto Rico es como una bomba de tiempo.

Los debates nacionales y locales que están teniendo lugar durante la presente campaña electoral de 2012 me han permitido ver que existen miles de nuevos líderes entre las juventudes, con mentes despiertas y abiertas al cambio.

Tengo esperanzas de que sabrán asumir el liderato de las grandes masas de indignados cuando se produzca el estallido. Entonces veremos el nacimiento de miles, quizás cientos de miles de esos héroes que nos anuncia Rafaelito, porque estaremos en medio de lo que Lenin definió como una situación revolucionaria.

Convergencia

Dice el diccionario de la academia del Rey de España que convergencia quiere decir "acción" de convergir, es decir, **concurrir en un mismo fin**. Eso ocurrió el domingo 19 de agosto de 2012, día en que las derechas políticas al mando de los dos partidos principales trataron de reducir los derechos civiles de los ciudadanos, que resultan ser conquistas históricas de nuestro pueblo.

Ese día los dos aspirantes a la gobernación colonial fueron derrotados de manera clara e inequívoca por un pueblo cuya sensibilidad está viva y cuando decide hacerla patente se va por encima de sus líderes. Lo demostró en la lucha contra la Marina de Guerra de los Estados Unidos en Vieques en el umbral del siglo veintiuno y lo volvió a demostrar una década más tarde. Es una fuerza latente, contra la que no podrán los colonialistas. Por eso se equivocan aquellos que ocultan sus verdaderas ideas socialistas e independentistas en aras de un programa electoral de corto plazo. El país clama precisamente por eso, por una visión de mundo que represente una alternativa perdurable a la miseria material y espiritual que se vive.

La demagogia, las mentiras, los millones de dólares invertidos en las dos semanas anteriores al referéndum, frente a los recursos artesanales de las fuerzas de afirmación puertorriqueña, de nada les valió cuando se trató de socavar conquistas en los planos de la democracia y los derechos.

Para mí el gran perdedor fue un ser sin valores ni principios, sin ideas propias, el todo-sonrisa-hueca Alejandro García Padilla, que no obstante, ganará la Gobernación colonial. Y esa victoria podría ser el inicio de la derrota del colonialismo.

Al líder popular le tocará uno de los períodos de mayor turbulencia social, siendo como es, una persona sin la madurez y carácter para conjurar la situaciones de alto conflicto desde el punto de vista de los intereses que representa. Personas así, sin criterio propio, son las que todo lo resuelven con el uso indiscriminado y brutal de la fuerza. No había llegado al poder administrativo y estaba anunciando que movilizaría la Guardia Nacional.

Se sabe que los defensores del **SÍ** trastearon la votación y manipularon los resultados allí donde no hubo adecuada representación del **NO**. Y usaron los recursos del gobierno, como en lugares en que funcionarios electorales del SÍ fueron pagados con fondos de municipios bajo el control del Partido Nuevo Progresista. En la realidad, el NO ganó con una contundencia mucho mayor de la anunciada, más cercano a un setenta por ciento (como lo refleja una encuesta que el Partido Popular mantuvo en secreto hasta el último momento).

Estamos en la antesala de tiempos de polarización política. Es cuando las líneas se definen con la mayor nitidez y las fuerzas progresistas avanzan. Pero hay que cuidarse de los estilos que entrañan mezquindades sectarias. Los tiempos exigen amplitud de miras y visión de futuro en el que converja todo ese conglomerado social de cientos de miles de hombres y mujeres que en diversas épocas han dicho presente en los instantes decisivos de nuestra historia. Hay que dominar el arte de unir fuerzas, ésa es la única manera de **"concurrir en un mismo fin"**.

Dos vertientes

La lucha de emancipación de nuestro pueblo perdió en el mes de febrero de 2012 a dos de sus precursores: Miguel Ángel Cabrera Figueroa y Agustín de Jesús Montero. Ambos coincidieron en el Partido Socialista Puertorriqueño (PSP) en los setenta. Representan vertientes de una lucha que hasta precisamente esa década estuvieron separadas: la lucha social y la lucha nacional.

Miguel Cabrera, además de ser parte del Movimiento Pro Independencia (MPI) desde 1965, es fundador de los Comandos Armados de Liberación (CAL) y gestor importante de acciones armadas que tuvieron lugar a fines de los sesenta y principios de los setenta. Dirigió operativos militares como los de las Torres de El Yunque, que impactó al país ante el descubrimiento de que en ellas fueron colocadas simultáneamente 52 bombas que dejaron sin comunicación por primera vez a la Marina de Guerra de los Estados Unidos.

Durante esa turbulenta época de los sesenta y setenta fue consolidándose una nueva concepción de lucha que buscaba darle contenido social al planteamiento de independencia política. Y ante el continuo incremento de la represión policíaca se articuló una concepción nueva de la lucha armada de las masas, capaz de garantizar la continuidad de la lucha en cualquier circunstancia. Una de las formas organizativas que este esfuerzo concretó fue los CAL que Miguel ayudó a fundar, que contó con la dirección política del MPI.

En 1974 vi entrar a una reunión de la Secretaría de Asuntos Sindicales del PSP a Agustín de Jesús Montero. A él, a Luis Lausell, a Mónico Nazario y a Luis Calderín, entre otros compañeros, le habíamos invitado para discutir la estrategia a seguir con miras a llevar a Lausell a la presidencia de la

Unión de Trabajadores de la Industria Eléctrica y Riego (UTIER).

A partir de entonces aquel grupo de sindicalistas (excepto Nazario, que era militante desde hacía años) se incorporó al PSP y contribuyó a formar la más poderosa organización política con que contó nuestra lucha en la historia de Puerto Rico. No hubo fuerza mayor capaz de hacer valer los sueños de Betances, Hostos y Albizu.

Pero el PSP se desvirtuó en gestiones reformistas y precisamente Agustín tuvo una participación destacada en el debate en torno a ello. Siendo Lausell presidente de la UTIER, lo "quemaron" como candidato a gobernador por el PSP en las elecciones de 1980. Pasadas las elecciones, la dirección Socialista trató de imponerlo de nuevo en la presidencia del sindicato, a lo que líderes progresistas de la Unión se opusieron. Uno de los líderes opositores fue Agustín. Durante sus debates con Juan Mari Brás en las páginas de *Claridad* Agustín pudo exponer sus brillantes ideas sobre democracia sindical.

Agustín fue considerado como un líder histórico de la UTIER a lo largo de décadas. Ideólogo de la Unión, defensor de la democracia participativa, promovió con su sabiduría e influencia a casi todos los presidentes durante los últimos treinta años.

Promotor de la unidad de los socialistas, ayudó en el esfuerzo de refundación comunista que culminó en la reconstitución del Partido Comunista Puertorriqueño, del cual era dirigente al momento de su fallecimiento. Atacó esa tendencia histórica del independentismo de cerrarse a sí mismo producto de los años de persecución y criminalización, y enfatizó su apertura de masas.

Es curioso que Agustín y Miguel apenas se conocieron, pero no sorprendente por sus formaciones y experiencia tan disímiles. Formaron parte de dos vertientes de una misma lucha por la independencia y el socialismo.

El independentismo en su laberinto

Hasta 1930 el Grito de Lares era una efeméride desconocida por el ciudadano común, estaba reservada a los eruditos. Porque era lejana, los hechos de aquel levantamiento armado contra España habían ocurrido sesenta y dos años antes. Después de varias generaciones se habían olvidado. Pedro Albizu Campos, tras una gira por varios países de América Latina a la que dedicó un número de años, asumió la presidencia del Partido Nacionalista de Puerto Rico en 1930. Era un partido pequeño que se había constituido a mediados de los veinte al haber el Partido Unión de José de Diego y Luis Muñoz Rivera abandonado el ideal de la independencia. El aporte de Albizu Campos fue convertir el Partido Nacionalista en un movimiento revolucionario que planteaba el enfrentamiento directo al imperio.

Una de las primeras medidas que aprobó el Partido Nacionalista bajo la nueva dirección fue rescatar la fecha del Grito de Lares, el 23 de septiembre. En esa fecha en 1868 se cristalizó a son de fuego y metralla una nacionalidad que había estado cuajándose desde hacia cerca de un siglo. La función del nuevo nacionalismo albizuísta fue divulgar la importancia histórica de la nacionalidad en su inserción a Latinoamérica.

Tuvo también un objetivo de movilización política. Los puertorriqueños teníamos que prepararnos para defender la nación con la fuerza de las armas si fuera necesario. Albizu Campos hizo un estudio jurídico sobre el Tratado de París. Era la base legal de toda la estructura del poder imperialista estadounidense aquí. Llegó a la conclusión en ese estudio que *los Estados Unidos ocupan de forma ilegal la Isla*. Por lo tanto tenemos derecho a sacarlos de aquí a tiros si se niegan a salir por las buenas. Esto fue tema de divulgación desde el preciso instante en que el joven líder asumió la presidencia del nacionalismo.

Ya sabemos cómo esta visión política radical definió la década del treinta. Albizu Campos sacudió la conciencia del pueblo dormido, sumido en el hambre y la miseria. Hizo uso de las tecnologías más modernas de comunicación de masas, como la radio y los altoparlantes. Sus discursos a través de la radio eran esperados cada domingo por miles de puertorriqueños en las plazas públicas de decenas de municipios. Se les transmitía en vivo a través de altoparlantes, la palabra vibrante de Albizu Campos era escuchada cada semana por decenas de miles de campesinos boricuas a través de toda la Isla.

Los Estados Unidos trataron de imponer personeros como Riggs y Winshipp (los militares extranjeros más desalmados que hemos tenido aquí), ambos responsables de la muerte de Sandino en Nicaragua, y ambos tuvieron que irse, uno en un ataúd y el otro como militar derrotado y desprestigiado. El jefe de la Policía, Coronel Riggs, pagó con su vida la afrenta a los nacionalistas.

El independentismo no creció tanto en la historia como en esos años, y algunos historiadores sostienen que el PIP pudo ganar las elecciones de 1948 de no haber sido por las leyes de la mordaza. Así lo afirma la historiadora Ivonne Acosta.

Pero el independentismo tiene un problema endémico. Crece hasta un punto después del cual se auto aniquila. Es como una ley que le rige y funciona como la ley de la gravedad. Durante la década del setenta esa fuerza volvió a exhibir un crecimiento vertiginoso. Tanto el PIP como el PSP mostraban su poderío avasallante. Llevaron a cabo en conjunto en 1971 una marcha a la que asistieron sólidos más de ochenta mil personas contra presencia del los gobernadores de los Estados Unidos. Nunca se había demostrado una fuerza igual.

Surgió la idea de un frente electoral para las elecciones de 1972, que hubiera permitido al independentismo constituirse en la segunda fuerza electoral, un duro golpe al colonialismo. Esto se debía a que entonces, como ahora, la inmensa mayoría de los independentistas no estaban en ninguna organización específica, sino dispersos. Cuando se unían el resultado no era la suma de las fuerzas de ambas organizaciones. El efecto era multiplicador.

La misma marcha de agosto de 1971 lo demostró: para esos mismos días tanto el PSP como el PIP hicieron actividades separadas que reunieron más o menos la misma cantidad, unas quince mil persona. Pero cuando se unieron en acciones conjuntas el efecto fue multiplicador, reunieron más de ochenta mil personas.

Después el PIP entró en crisis interna y se debilitó. Lo mismo ocurrió con el PSP unos años más tarde. Han transcurrido cuatro décadas, casi medio siglo, y los independentistas siguen encerrados en el mismo laberinto.

Ideas extrañas penetran el movimiento que aún atomizan más las fuerzas. Ahora resulta que algunas personas creen que la efeméride de Lares es propiedad personal, y como tal pueden apropiársela y ser heredada. También creen que el liderato se hereda. Ese disparate solo se le puede ocurrir a quienes se han dejado envenenar por la ideología del neoliberalismo, cuyo dios es la propiedad privada. Albizu Campos rescató la fecha para los luchadores independentistas de todas la generaciones y todas las organizaciones.

El sectarismo es tal que se da aun dentro de las organizaciones también, que es más insólito todavía. Cuántas veces no hemos observado militantes de una organización específica en un pueblo que no quieren coordinar sus trabajos con los de otro pueblo cercano porque en determinada fecha éstos no quisieron cooperar, todos miembros de una misma organización. ¡Qué infantilismo!

Mientras el independentismo no madure y domine el arte de unir fuerzas no saldrá de su laberinto. Los únicos que han triunfado en este mundo son los que han superado esa visión sectaria como los Sandinistas en Nicaragua y antes el Movimiento 26 de julio en Cuba.

El poder de la droga

No quisiera estar en los calzones de José (Chemo) Soto, alcalde de Canóvanas. Nunca he tenido una amistad estrecha con el alcalde, pero le conozco desde que éramos niños. Vecino del barrio de mi abuelo materno, Quebrá Prieta, ambos casi de la misma edad, debo haber jugado de niño con él en los prados y riachuelos de ese hermoso sector.

A Chemito, su hijo, lo vi crecer en la zona urbana, casi medio siglo más tarde. No puedo imaginar el dolor y la angustia que Chemo debe estar pasando, tras la sorpresa de enterarse del vínculo de su hijo con el narcotráfico y el subsecuente arresto de éste. No es fácil ver hundirse en segundos las esperanzas de toda una vida que los padres ponemos en nuestros hijos.

Nunca se ha escrito nada completo sobre el poder devastador de la droga. Salvo las guerras genocidas, es la fuerza más peligrosa que existe hoy. Sus gestores logran alcanzar un poder político que excede el de muchos gobiernos. Para ejemplos, México. Allí la fuerza en la calle del narcotráfico parece mucho mayor que el conjunto de las fuerzas armadas de ese país, la Policía incluida.

Se trata de un negocio altamente lucrativo. ¿Quieres hacerte rico con rapidez? Métete a narcotraficante. ¿Riesgos? La verdad es que se dice que a la mayor parte de los jefes principales del hampa nunca logran identificarlos. Cuidémonos de eso "señores respetables" que son nuestros vecinos en las urbanizaciones cerradas. Crean las condiciones para la criminalidad y luego se esconden de su producto.

Estados Unidos, país del que somos parte, es el más grande (por mucho) importador de estupefacientes del mundo. Y gran parte de ese tráfico pasa por aquí, por Puerto Rico, por ser colonia yanqui en una posición geográfica privilegiada. Ése es el incentivo mayor para el narcotráfico, las supe ganancias y el dinero fácil. La sobrecogedora cifra excede el conjunto del Producto Nacional Bruto de decenas de países.

Colombia es el principal proveedor de cocaína. Y si provee cocaína a Estados Unidos es precisamente porque allí encuentra su mejor mercado. Creyeron que eliminando a Pablo Escobar Gaviria eliminaban el problema. Pero eliminado Escobar, vinieron los Pepes. Y después de estos, otros vendrán. ¿Cuánto hacen por atender el problema principal, que es el propio mercado estadounidense?

El caso de Escobar Gaviria demuestra el extraordinario poder del narcotráfico. Este señor era buscado por ser responsable de cientos de asesinatos en Colombia (incluyendo un candidato presidencial, favorito para ganar las elecciones) y en los propios Estados Unidos.

Como existía un tratado de extradición que permitía llevarse hacia allá a Escobar Gaviria una vez detenido, logró con éxito impulsar una enmienda a la constitución para prohibir la extradición. Luego diseñó y estableció el lugar en que se construyó la "prisión" en que sería hospedado. Imagine usted el piso más lujoso de un hotel de cinco estrellas y puede que se acerque a las facilidades de esa "cárcel". Luego estableció las condiciones y fecha de "entrega", amén de que los custodios serían de su propia selección.

Durante el tiempo que estuvo "preso", no dejó de dirigir un solo día su imperio de drogas. También determinó su "huida", cuando olfateó muy cerca las autoridades internacionales que lo acechaban.

Es conocido que en Puerto Rico el narcotráfico es responsable de más del ochenta por ciento de los crímenes, que hacen de nuestras calles peligrosas en extremo.

Como a Chemito, ¿cuántos jóvenes más debemos perder, embriagados por el lucro y dinero fácil, víctimas del poder de la droga?

Guerra civil

Algunas guerras no reportan tantas muertes como las que vemos día a día en las calles de Puerto Rico. A mitad de 2011, los asesinatos pugnaban por establecer el récord de cien por mes. Es un cuadro desgarrador. ¿Por qué esta ola de violencia? ¿Ineficiencia de la Policía? ¿Se resuelve cambiando al jefe?

Si la cantidad de asesinatos está entre las más altas del mundo, también establece marca el número de miembros de las fuerzas represivas en proporción a nuestra población. Se ha demostrado que el aumento de esta fuerza no es la solución. Estamos ante un problema social con raíces muy profundas. Hay que atacarlo con medidas radicales.

Desde hace mucho los sociólogos informaron sobre la relación entre los crímenes violentos y el tráfico de drogas. Alrededor del ochenta por ciento de los crímenes están en íntimo vínculo con los estupefacientes ilegales. La deserción escolar, el empobrecimiento grave de las comunidades marginales (más de la mitad de la población en extrema pobreza), son situaciones íntimamente ligadas.

¿Hasta dónde es responsable de este panorama macabro la corrupción y la ineficiencia pública? ¿Cuántos millones de dólares no se pierden cada año en la enorme e inútil burocracia del Departamento de Educación, en menoscabo de materiales escolares y mejores condiciones en los planteles, salarios más adecuados para los maestros, y en asegurar un ambiente saludable y confiable para nuestros escolares? Allí está, entre esos cerca de tres cuartos de millón de alumnos, en sus tiernas edades, la clientela potencial del más lucrativo negocio que opera en Puerto Rico: el tráfico de drogas.

El adicto no es el delincuente. Sí lo es el dueño del punto y sus aliados en el gobierno. Pero cada vez que meten a uno en la cárcel parecen salir veinte.

¿Por qué no se ataca el problema en su raíz? Ya es vieja la propuesta, muchas veces rechazada, de legalizar las drogas, establecer centros gubernamentales de distribución controlada y llevar adelante un programa clínico dinámico y eficiente para curar al drogadicto. ¿No fue eso lo que se hizo en los treinta en Chicago y otras ciudades de Estados Unidos al legalizar el tráfico de licores, que canceló la ola de violencia que estremeció ese país por décadas?

¿Cómo se siente usted y sus seres queridos al salir cada día a la calle, a sabiendas de que atravesarán las ráfagas de esta guerra civil?

El Vaticano investiga

Recordé una historia en la obra el escritor ruso Fiodor Dostoyevski con motivo de la investigación de que fue objeto el arzobispo de San Juan Roberto González Nieves. Es un fragmento de un capítulo de "Los hermanos Karamazov". Cristo en persona se presenta en el mismo lugar en que la víspera el cardenal gran inquisidor había quemado a cien herejes. No llegó con el brillo y gloria que las escrituras anuncian su segunda venida, sino con absoluta discreción y sencillez. A pesar de ello, las multitudes hambrientas le reconocen de inmediato, y no tarda en efectuar milagros como darle la vista a un ciego y resucitar una niña que había muerto el día anterior.

El todopoderoso inquisidor llega en ese momento y, al darse cuenta de lo que ocurre, ordena el arresto de Cristo. Un hombre que tenía poder sobre la vida y la muerte en el mundo conocido, todavía calientes las cenizas del centenar de herejes, no podía permitir que nadie retara su autoridad, aun el Cristo en persona. Para él, preservar su autoridad era más importante que el contenido mismos de sus concepciones religiosas.

Se dice que la investigación del arzobispo González fue instigada por la cúpula del PNP. Les molesta la adhesión del máximo dirigente de los católicos a los valores nacionales de Puerto Rico. Sus posiciones contra la presencia de la Marina de Estados Unidos en Vieques fueron valientes y consecuentes, y parte decisiva de la voluntad de todo el pueblo contra esas fuerzas armadas extranjeras anticristianas y criminales.

La intolerancia siempre está de la mano con las prácticas antidemocráticas y las violaciones de los derechos humanos. Apenas en los comienzos del ministerio del arzobispo González en Puerto Rico a otro alto dignatario de la Iglesia Católica lo asesinaban en plena misa en El Salvador. Se trata de Monseñor Romero, defensor de la gente humilde en ese país. Y la ejecución la efectuaron aquellas mismas fuerzas de ideas similares a los que aquí persiguen y censuran las ideas progresistas.

Al arzobispo González lo investigan por sus posiciones políticas. ¿Alguien lo ha visto hacer campaña por determinado candidato? En ese tipo de política partidista y pequeña el religioso no se inmiscuye.

Los religiosos PNP que promueven la investigación no pueden decir lo mismo. Fundaron en los años sesenta el Partido Acción Cristiana (PAC) y obligaron a cientos de sacerdotes de las localidades a hacer campaña política desde el púlpito. Nadie instigó en el Vaticano ninguna investigación sobre esta barbaridad. Muchos de los antiguos líderes del PAC fundaron el PNP en 1968 y hoy son partícipes furibundos de esta campaña contra el arzobispo González.

¡Fariseos hipócritas! Al igual que en el cuento del escritor ruso, si llegara Cristo hoy a nuestra Isla serían los primeros en perseguirlo y encarcelarlo.

Filiberto

La información que salió a la luz pública la semana pasada es espeluznante. No por el contenido, sectores independentistas lo habían denunciado. Es por confirmarse la verdad de asesinato de Filiberto Ojeda Ríos por confesión de sus propios perpetradores: el gobierno de los Estados Unidos. No siempre se logra un testimonio así, a tan corto plazo de los hechos. Cuando se confirma la realidad de que funcionarios pagados por el gobierno de Estados Unidos andan asesinando personas por el mundo, casi siempre han pasado décadas de los eventos a los que se refiere la información, por lo que la misma solo reviste importancia histórica. En el caso de Filiberto la información surgida es de apenas seis años en 2012, muy reciente en la memoria de todos.

Filiberto Ojeda Ríos fue asesinado mientras tocaba la trompeta, y la ejecución la efectuaron agentes del FBI. El disparo fatal lo hizo un agente de nombre Brian. El francotirador disparó a distancia, siempre le tuvieron miedo al gran héroe. Lo hizo a sabiendas de que se desangraría hasta morir.

Al área acudieron minutos más tarde el doctor Héctor Pesquera y otros médicos amigos, quienes requerían al FBI que les permitieran asistir al herido, pues aún había tiempo para salvarlo. Los gendarmes, con el control del perímetro y a la mano de todos los recursos y fuerzas del Estado, se negaron al pedido. Hoy sabemos que con ayuda médica inmediata se le hubiera podido salvar la vida.

El gobierno de los Estados Unidos utiliza el asesinato como arma política. Ello es así desde que a Jorge Washington, uno de los padres fundadores de esa nación, le pareció "encantador" el silbido de las balas.

Cuando el presidente Obama, su secretaria de Estado Clinton y los miembros del Estado Mayor se sentaron una madrugada de 2011 a observar en directo y a todo color el asesinato de Osama Bin Laden, desarmado y con las manos en alto, quedó retratada la definición de lo que es Estados Unidos, la naturaleza de su democracia y el conjunto de sus instituciones. Luego tuvieron el cinismo de publicar en la prensa comercial una foto de ellos observando el asesinato. El crimen fue ejecutado por un grupo élite que operó bajo las órdenes directas de Casa Blanca, y esa dirección se impartía desde el mismo lugar en que se tomó la mencionada fotografía.

Con Filiberto coincidimos en la misma organización en los sesenta, aunque no lo conocí sino hasta fines de los setenta, pues cuando yo ingresaba al Movimiento Pro Independencia (MPI) él ya militaba en otras organizaciones. De hecho, las primeras organizaciones de lucha armada por la independencia las fundó a mediados de aquella década tumultuosa de los sesenta.

En 1977 fui presentado a Filiberto por el gran amigo mutuo Miguel Cabrera. El encuentro con Filiberto en circunstancias muy interesantes lo relato en el libro *Lustro de gloria*. En ese año fui invitado a formar parte de la dirección de la nueva organización que nacía, los Macheteros. Decliné la invitación por razones ideológicas que explico en detalle en el libro mencionado.

Tanto a Miguel como a Filiberto los admiré y los quise como hombres valientes y valiosos para la causa revolucionaria en Puerto Rico. En ellos se percibía y se sentía la nobleza y el espíritu de entrega. Eran cualidades que aspirábamos a forjar en el nuevo ser humano puertorriqueño, buenos hombres y mujeres que aunque no lo parezca, hay muchos miles en nuestra tierra hoy. Y lo más importante, ese espíritu combativo renace en la juventud llamada a tomar relevo de nuestra lucha social.

Tuve la oportunidad de presenciar cómo esa hermosa semilla fructifica y se reproduce, en el caso de Miguel Cabrera. En la despedida de duelo tanto en la funeraria Ehret de Río Piedras como en

el Teatro Diplo y el cementerio de Naguabo a principios de 2012 se escucharon testimonios de personas
de todas las edades y diversas ideologías descri-
biendo a un Miguel Cabrera filántropo y sabio durante los últimos veinte años de su retiro en su pueblo natal. La alcaldesa PNP, otro ex alcalde PNP y
uno PPD, así como el ex representante del PIP Carlos Gallisá hablaron con una sola voz para referir las
cualidades de Miguel Cabrera. Me sentí orgulloso
de haberlo conocido y de haber sido su amigo, como lo fui también de Filiberto.

 Se dice que Filiberto, al momento de su
muerte, tocaba *Exotic Suite of América*, de Pérez
Prado. Sería el himno con el que se recibiría a Puerto
Rico al concierto de naciones libres de América.

Fuerza letal

Cuando leí la noticia recordé la legislación racistas de Alabama. También me vino a la mente un cuento que pensé a raíz de la aprobación de dichas leyes.

Había llegado a un hotel de la capital del estado una pareja de esbeltos negros, muy elegantes. En la madrugada él le dice a su esposa que saldrá a "joguear", como es su costumbre en Washington. Salió enfundado en su sudadera con caperuza y mientras corría escuchó un fuerte ruido y la alarma de un negocio. Siguió con sus ejercicios y notó que más adelante varias patrullas de la Policía le rodearon y policías le apuntaron con armas. Se detuvo.

—Soy el presidente de los Estados Unidos, solo hacía ejercicios —dijo a los policía con su voz más amable, pero asustado.

—Y yo soy el Papa —contestó uno de los rudos gendarmes mientras se acercó con las esposas en la mano.

Él se negó a ser esposado y los agentes del orden lo molieron a palos.

La historia[i] parecerá inverosímil para aquellos que no conocen que bajo las leyes de Alabama cualquier policía puede detener a una persona por la sola sospecha de parecer indocumentado.

En Puerto Rico vamos un poco más lejos: aquí pueden matar con la sola aprehensión de que el "sospechoso" representa un peligro para la seguridad pública. Es una licencia para matar. La definición de "amenaza inminente" en esta nueva orden establece que es "la percepción razonable de un policía de que existe" tal grave peligro. La orden ha sido criticada por la Unión Americana de Derecho Civiles (ACLU).

"El agente podría pensar que es peligroso un hombre joven, negro, que salió de un residencial público con algo en el bolsillo o en la mano, que podría ser un celular o un arma y luego dirá: le di un tiro porque percibí que estaba en peligro", declaró William Ramírez, director local de la ACLU. Y es así porque bajo esta nueva orden, un agente tiene licencia para matar aunque la persona no apunte con un arma.

Así operaban muchos cuerpos policiacos y paramilitares bajo las diversas dictaduras en América Latina. Y en sus inicios en los años veinte, el Partido Nacional Socialista fundado por Adolfo Hitler operaba bajo ese mismo marco ideológico. Llegaron al poder en Alemania y ocasionaron una de las más horribles guerras que recuerda la humanidad (sesenta millones de muertos), no sin antes iniciar la persecución y asesinato de millones de judíos en toda Europa.

Por eso los gobiernos de países democráticos se cuidan del poder que conceden a sus institutos armados, muchas veces necesarios para proteger a la ciudadanía. Son fuerzas defensivas que bajo circunstancia alguna puede concedérsele poder para disponer de la vida de otros seres humanos. Más aún, en nuestra sociedad, que tiene una tradición de oposición a la pena de muerte, hasta el punto de que tal filosofía ha sido elevada a rango constitucional.

---

[i] El cuento "Pareja de negros" fue publicado en 2014 en el libro *Rutina rota y otros entuertos,* de ángel m. agosto.

Las elecciones

Cada año electoral desde hace unos treinta pienso más menos lo mismo: estas serán las elecciones más insípidas y descoloridas, sin contenido ni forma. No es que me haya equivocado, es que en este aspecto cada consulta supera la anterior. Y el país casi siempre resuelve de la misma forma, baja el que está para subir uno peor. Nada me dice que este año no ocurrirá lo mismo.

La fiebre no está en la sábana sino en el enfermo, y está grave. Es la realidad social que se vive.

Este año de 2012 el panorama electoral se presenta algo más complejo que otras veces con tantos partidos más o menos dentro de las corrientes progresistas, como el Partido del Pueblo Trabajador, el Movimiento Unión Soberanista y el Partido Independentista Puertorriqueño. Tal parecería que unos cancelan los esfuerzos del otro. Pero los procesos sociales y políticos hay que verlos en perspectiva histórica, no en su inmediatez.

Las elecciones en Puerto Rico la están decidiendo, desde hace medio siglo, los programas de cupones de alimentos y algunos otros tipos de planes de ayuda directa a las personas. Y es natural que así sea, son las condiciones materiales las que determinan en última instancia la conciencia. Desconocer esto, descubierto por Carlos Marx en los tres volúmenes de *El Capital*, es querer azotarse contra la pared.

Veamos el caso de mi pueblo, Canóvanas. El candidato que quiera ganar ese municipio debe ganar un barrio: San Isidro. La población de este sector excede el total del resto del municipio, centro urbano y barrios incluidos. En algunos colegios electorales de este barrio, durante las elecciones de 2008, el proceso electoral fue controlado por el hampa, y los funcionarios que no eran penepés fueron expulsados por hombres armados durante la fase clave del conteo de votos. Este ha sido un secreto muy guardado durante los últimos cuatro años hasta que yo lo hago público hoy.

Entre dominicanos indocumentados que se dedican a vender sus servicios como gatilleros, dueños de puntos de drogas que defienden su lucrativos privilegios y gangas de *tecatos* que no tienen en sus cabezas ideas ni compromiso que no sea la cura inmediata dominan el escenario de ese lugar y son utilizados por políticos inescrupulosos.

Lo grave es que San Isidro y las prácticas descritas se ha reproducido en muchos municipios. En el marco de esa realidad es muy difícil que en las consultas electorales se pueda decidir algo importante para el país.

La fuente de nuestros males es la realidad material de dependencia extrema de ayudas externas con el subsecuente atentado a la dignidad del trabajo. Por eso es bueno que nazcan y se desarrollen organizaciones progresistas, y que hombres y mujeres jóvenes se fogueen en las luchas políticas y sociales. Ya surgirán las condiciones para el cambio social profundo y esas organizaciones podrán canalizar la lucha hacia la emancipación definitiva.

Juan Dalmau

Tuve la oportunidad de saludar a este joven y dinámico abogado y conocer de primera mano sus planteamientos políticos. De ideas frescas y visión renovadora, es sin dudas el mejor candidato a Gobernador y uno de los que menos posibilidades tiene de triunfar en 2012. La lamentable paradoja la explica la realidad social.

Desde que abandoné el Partido Socialista Puertorriqueño (PSP) en1977, y a partir de las elecciones de 1980, siempre voté íntegro por el Partido Independentista Puertorriqueño (PIP), salvo en 1996 en que voté por el PIP y por mi amigo Neftalí García como candidato independiente al Senado. El PIP es, en esta consulta electoral, la única organización con una plataforma abiertamente independentista y su línea en ese aspecto ha estado inalterada desde mediados de la década del cuarenta del siglo pasado.

Sin embargo, nunca he sido miembro del PIP. Tampoco es función de este espacio la apología acrítica.

Tuve la oportunidad, como en innumerables otras ocasiones, de compartir con ellos en un evento social en el Campamento Bravo de Toa Alta, al que asistieron cientos de sus militantes de toda la Isla. Allí estaba prácticamente todo su liderato nacional y local. Es estimulante ver tantos jóvenes de una primera generación con su desbordante entusiasmo por la independencia.

Debía hacerse un mejor esfuerzo por mejorar su capacitación política y el conocimiento de su propia historia partidaria. También he conocido la lucha de clases y problemas de favoritismo y nepotismo que tienen lugar a distintos niveles de la colectividad. Es decepcionante, por ejemplo, conocer que muchas veces no se seleccionan sus representantes en la Comisión Estatal de Elecciones por sus méritos y capacidades para que sean más efectivos, sino por parentesco consanguíneo o extracción social.

Siempre he sostenido que las fuerzas independentista debían mantener órganos permanentes de evaluación de sus miembros que permitan la asignación correctas en las tareas necesarias a la lucha, según sus capacidades y potencialidades.

En este proceso electoral se presentan también otra fuerzas políticas, criaturas muy recientes para un juicio crítico responsable, pero necesarias en el proceso de nuestra lucha larga por la liberación nacional. No obstante, el PIP es la mejor alternativa electoral en 2012. Votaré por Juan Dalmau al votar integro por el PIP, y así le estaré dando mi voto también a mi amiga Marisol Quiñones para alcaldesa de Río Grande. Son los mejores. No apoyaré jamás ningún colonialista.

Hora decisiva

(El presente escrito se envió para ser publicado en el periódico *Impacto del Noreste* en la edición inmediatamente anterior a las elecciones de 2012. No lo publicaron "por razones de espacio", a pesar de que el escrito llegó a la redacción de periódico semana y media antes del cierre.)

Lo más importante en las elecciones del martes 6 de noviembre de 2012 es la oportunidad que se presenta para un repudio nacional a la alternativa colonial. Nuevamente daremos un rotundo NO, esta vez a la colonia. Y votaré por la independencia bajo el mapa de Puerto Rico, para afirmar mi única patria.

No es hora de mangoneos ni ambivalencias. Aquellos independentistas que se plantean votar popular para derrotar a Fortuño se equivocan. Lo que harían sería repetir la misma idiotez del último medio siglo. También se equivocan quienes pensando en lo más ("lo importante es derrotar al imperio con las armas en la mano") abandonan lo mínimo. Nunca harán ni lo uno ni lo otro. Es el viejo cuento de quienes buscan justificaciones "ideológicas" para su inacción.

El compromiso se demuestra en cada instante de nuestras vidas, frente a cada coyuntura, y mi compromiso de hoy está con el Partido Independentista Puertorriqueño, el PIP. Es la única fuerza electoral que se plantea la independencia en este instante.

Sin ser pipiolo, trabajaré como el más ferviente de sus militantes por adelantar sus objetivos en este proceso. En Río Grande mi comandante es Marisol Quiñones, la candidata a alcaldesa. Pocas veces se ve a una mujer joven, firme en sus ideas las que expone con gran inteligencia y tacto y con un liderazgo a toda prueba que despliega con energía y carácter.

El ambiente político muestra un desgaste del bipartidismo. Ocurre cada dos o tres generaciones: las fuerzas políticas se reagrupan, y las que antes estaban en segundo o tercer plano se colocan en primero, mientras otras desaparecen. Se producen relevos en la configuración de los partidos y movimientos. Solo dos generaciones duró el Partido Unión que dominó las primeras décadas del siglo veinte. Solo una los partidos Socialista, Liberal y Republicano hasta la llegada del Partido Popular en 1940.

El régimen recurrió a la criminalización de la independencia en los años cuarenta para evitar que el PIP se instituyera en una fuerza política decisiva que "pudo ganar las elecciones de 1948" (Ivonne Acosta: *La mordaza*).

Hoy el PPD y el PNP llevan casi medio siglo alternándose en el gobierno sin que ninguno represente un cambio real y positivo para el país. La historia clama por una ruptura del bipartidismo colonialista. Es hora de fortalecer el único instrumento de lucha que ha demostrado a lo largo de décadas su firme compromiso con el futuro de Puerto Rico.

Una labor mínima, como dedicar un día a la lucha como funcionario de colegio, ese mínimo, sería una contribución invaluable a la causa, más importante que mil esfuerzos armados infructuosos. A cada momento histórico corresponde un deber histórico. Hoy ese deber está en el voto comprometido y su defensa.

Los pueblos se equivocan. El nuestro se ha equivocado muchas veces. Así también otros en nuestro planeta. El 25 de febrero de 1934 se produjo en Alemania el juramento de masas más grande jamás visto en la historia humana. Juraron "lealtad firme y obediencia absoluta" a Adolfo Hitler, considerado el criminal más sanguinario que jamás ha existido. Es impresionante ver aquella inmensa multitud en un video estadounidense de *History Chanel*, al unísono, verbalizar el juramento: **juro**.

Muchos gobernantes del mundo le admiraban: para ellos, Hitler era el mejor líder conocido. La revista *Time* lo seleccionó en 1936 como el "Hombre del Año". Las tendencias ideológicas detrás de esos planteamientos fascistas están vivas en el mundo, y asoman con fuerza en Puerto Rico de hoy.

Pero los seres vanguardistas, los hombres y mujeres más conscientes, son los llamados a convocar a los pueblos en los instantes decisivos. Y este es uno de esos momentos. Movilicémonos para cumplir nuestro deber en este minuto supremo.

Identidad nacional

La cuestión nacional está en el centro del debate de los sectores pensantes de la sociedad puertorriqueña. Si en una época la identidad nacional se la cuestionaban los enemigos de la lucha de independencia (aquellos que sostenían desde posiciones de derecha que no existían tal cosa como cultura nacional puertorriqueña, que éramos un montón de gente sin historia ni valores ni tradiciones), ya alcanzada un alto grado de conciencia general al respecto, hoy hay cierto tipo de censura al revés, proveniente de un pequeño núcleo de la izquierda.

Partiendo de un supuesto análisis marxista de la estructura de clases y asumiendo el postulado de que la independencia representó los intereses de segmentos de una burguesía nacional que nunca pudo alcanzar categoría de clase social, pero que al enfrentarse al capital extranjero se abrazó al ideal de la independencia nacional, ese sector de izquierda ha llegado a restarle importancia a la lucha de liberación nacional. Su idea central es que la lucha nacional es contraria a los intereses de la clase obrera, y que la lucha de clases está en el primer orden del programa revolucionario. De ahí se arriba a la conclusión de que si se tiene que apoyar la estadidad para Puerto Rico, y luchar por el socialismo bajo la bandera de Estados Unidos, ésa sería la orden del día.

Lo cierto es que Puerto Rico es una nación constituida por cerca de ocho millones de habitantes, la mitad de los cuales residen en diversos estados de Estados Unidos. Ello es así como fenómeno sociológico, no que alguien se lo haya inventado. Viene a cuento los comentarios que hizo hace unos treinta y cinco años el gran escritor nuestro José Luis González (uno de los fundadores del Partido Comunista de Puerto Rico) en su entrevista con Arcadio Díaz Quiñonez (*Conversación con José Luis González* por Arcadio Díaz Quiñones, Ediciones Huracán,

1976, 160 p.):

Si aceptamos que una identidad nacional es el resultado de una tradición histórica encarnada en cada uno de los miembros de esa nación, y si aceptamos que la comunidad lingüística es uno de los elementos constitutivos básicos de esa tradición, tenemos que llegar a la conclusión de que los hijos y los nietos de los emigrantes puertorriqueños en los Estados Unidos, cuya lengua materna es el inglés, no son puertorriqueños en el mismo sentido que los formados en Puerto Rico. Pero yo me pregunto: ¿es que solo existe una manera de ser puertorriqueño? Mi experiencia de trotamundos me dice que hay por lo menos tres maneras de ser francés y cinco de ser español. No me refiero únicamente a diferencias geográficas, sino históricas y *lingüísticas* también. Todas esas diferencias existen, en Francia entre un bretón, un parisiense y un occitano. Y en España, ya sabemos lo que tienen en común un gallego, un catalán, un vasco, un castellano y un andaluz (p.42).

Esa experiencia nacional ha sido compartida en su desarrollo histórico, y en sus aspectos políticos, religioso, económico y otros. De modo que para el período actual la tesis de la nación dividida parece correcta. Pero, pensando en los nietos y biznietos y un corte en el flujo migratorio producto de la independencia de Puerto Rico, la tesis habría que revaluarla.

Y sigue afirmando José Luis González:

Porque una cosa es la llamada interdependencia capitalista, basada en la explotación de los países subdesarrollados por los países desarrollados, y otra muy distinta es la interdependencia socialistas, basada en la división del trabajo en escala internacional. Para entender esto ya no es necesario ser marxista. En realidad, las burguesías nacionales que hoy actúan contra la dependencia en muchos países del Tercer Mundo parten de la comprensión, cuando menos parcial, de este concepto. Queda por ver, claro, cuántos de los dirigentes de esas burguesías nacionales van a estar dispuestos a llevar su lucha contra la dependencia hasta su última consecuencia, que es la liquidación del capitalismo. Algunos lo han hecho ya, y esto es algo que los marxistas tenemos que analizar con mucho cuidado. Porque la verdad histórica, la verdad que ha despedazado muchos esquemas fosilizados, es que la transición al socialismo en varios países del Tercer Mundo no ha sido obra de los dirigentes del proletariado (de un proletariado, por lo demás, inexistente en muchos casos, o tan débil que no era capaz de llevar a cabo una revolución), sino de los dirigentes de una pequeña burguesía colonial o semicolonial que comprendieron, como resultado de su praxis política real, que el desarrollo capitalista no era la solución para los problemas de sus naciones. Ese, sin sombra de duda, ha sido el caso de Argelia y Cuba. Lo que llevó a Fidel Castro y Bumedién a optar por el socialismo no fue un esquema ideológico preconcebido, sino la realidad histórica descubierta en su lucha contra el imperialismo (p. 73-74).

El tema, tan importante para la comprensión de nuestra realidad nacional como para nuestra estrategia de lucha, habrá que seguirlo trabajando en otros escritos.

No y no

Puerto Rico se encamina hacia un estado policíaco, aunque algunas personas me corrigen e indican que ya estamos en esa situación. No creo que aún hayamos llegado a ese extremo. Existe todavía un marco legal amplio, y el mismo no es una dádiva de la "democracia estadounidense", sino producto de las luchas de los sectores progresistas y revolucionarios a lo largo del siglo veinte.

Esos logros en la lucha por la democracia costaron mucho sacrificio, incluyendo la vida de nuestros mártires de generaciones pasadas, y las actuales generaciones no pueden permitir que eso se pierda. A lo largo de lo que va de este siglo los colonialistas han tratado de desmantelar esas conquistas, en algunos casos las derechas políticas han tenido éxito en tal gestión.

El trasteo de la constitución impulsado por el partido de gobierno, y respaldado por su monigote en el Partido Popular Alejandro García Padilla, es un ejemplo claro de estos desmanes.

Si usted pasa a través de un peaje en esas carreteras modernas que para atravesarlas hay que pagar, siente el flash de una cámara que toma una foto suya y de los que van con usted en el carro. Si se para a esperar un cambio de luz frente al semáforo hay una cámara firmándolo.

Si va a una oficina de gobierno tiene que llenar un registro con sus santos y señas. No se sorprenda si está de compras en un concurrido centro comercial y de pronto escucha un tiroteo, solo agáchese y proteja a sus hijos o nietos. Lo más probable es que sean policías inescrupulosos o agentes federales entrándole a tiros a los "maleantes" que hacen allí transacciones de drogas o ellos creen que las hacen.

Ya están prohibidas las manifestaciones de protesta en los edificios públicos, quienes lo hagan pueden ser arrestados y cumplir cárcel. Es una cancelación en la práctica del derecho a la protesta porque ¿dónde si no es frente los centros de poder que han de realizarse las manifestaciones contra los abusos del gobierno?

Hemos visto cómo han sido reprimidos con brutalidad los estudiantes en lucha por sus derechos a lo largo de los últimos años. Los aparatos represivos de Puerto Rico han sido condenados por las instituciones de derechos civiles de los Estados Unidos y el mundo y sin embargo siguen cometiendo los abusos para los que fueron entrenados.

Si logran éxito en su propósito de enmendar la constitución y eliminar la disposición de la Carta Magna sobre el derecho a la fianza, sabemos que de inmediato se aprobarán leyes que cancelen esos derechos. Primero lo harán con ciertos delitos graves. Luego lo harán con aquellos "delitos" que vinculen con las luchas sociales y políticas de las fuerzas independentistas y soberanistas.

Terminarán estableciendo un estado de derecho en el que se declaran enemigos a los sectores humildes y bajo la opresión de la pobreza creciente, es decir, a la mayoría del país. Se cancelará en la práctica la presunción de inocencia, que es otro de los logros de nuestras luchas de más de un siglo.

Ya entonces se estará configurando un estado policiaco. El retrato social y político actual, incluyendo a los líderes coloniales, es el mismo de la Alemania de los veinte, la Alemania pre-nazi. Hay que derrotarlos a tiempo. La consigna contra el binomio García Padilla-Fortuño es **no y no** en el referéndum del 19 de agosto de 2012.

Informe de Justicia: cambian los papeles

El Departamento de Justicia de Estado Unidos sorprendió con las manos en la masa al sistema de justicia de aquí, como cuando se descubre a un ladrón en plena fechoría. Tan obsoletas y apartadas de la realidad están las instituciones de ley del ELA que tuvieron que venir sus homólogos de un país extranjero a "poner orden".

Como se recordará, la represión contra cientos de jóvenes luchadores universitarios desde fines del año pasado y el atropello a periodistas en el ejercicio de sus funciones constituyeron el factor precipitante de esa investigación del Comité de Derechos Civiles de Justicia federal. La investigación se amplió sobre la marcha para incluir no solo a la actual, sino también a administraciones coloniales anteriores.

La desfachatez del gobernador Fortuño llegó al extremo de achacar el problema exclusivamente a "administraciones anteriores" y al mismo tiempo nombró a su ayudante Rodríguez Emma (el mismo que dijo que "sacaría a patadas" de la Universidad a los estudiantes) como "supervisor" de la Policía.

Lo lamentable es que la investigación del gobierno de Estados Unidos no fuera más amplia para incluir al FBI que ha seguido violando con absoluta impunidad los derechos civiles de los luchadores por la independencia de Puerto Rico. A pesar de que desde hace años se prohibió la criminalización de la lucha por la independencia, los federales siguen levantando carpetas, persiguiendo y asesinando independentistas. El caso más notorio lo fue el asesinato de Filiberto Ojeda Ríos el 23 de septiembre de 2005.

Son extremas las acusaciones formuladas contra la gendarmería. No es lo mismo que personas en su carácter individual cometan abusos y crímenes contra otras personas. Esto es repudiable y esos delincuentes deben ser procesados. Pero cuando una organización oficial, con los recursos y armamentos provistos por el Estado, cobijados por el conjunto de otras instituciones del gobierno, comenten atropellos de forma sistemática contra los ciudadanos, ello se convierte en un asunto muy grave.

En el pasado el aparato represivo ha jugado un papel vital en la persecución de los luchadores por la independencia. La criminalización de esta corriente ideológica fue un objetivo cardinal del poder colonial, sobre todo desde la década del treinta. Para esos años, como también en los cuarenta, esa corriente de ideas era mayoritaria, lo que contravenía a los objetivos imperiales de constituir a Puerto Rico en un bastión industrial-militar de cara a la Segunda Guerra Mundial y la Guerra Fría.

Y para el objetivo de acabar con las instituciones independentistas el poder imperial, en particular el FBI y la Corte Federal, se jugó el todo por el todo. La Masacre de Ponce, en que la Policía asesinó a veintiún puertorriqueños desarmados en 1937 durante una manifestación pacífica, fue un punto extremo, condenado por la opinión pública internacional.

El atropello más dañino para las causas de justicia social y política no siempre fue de represión brutal. El mismo proceso que culminó en la fundación del llamado Estado Libre Asociado (al que uno de sus fundadores, Vicente Géigel Polanco, llamó "la farsa del ELA") fue un camino empedrado de engaños, triquiñuelas y persecuciones a independentistas en época de mordaza. Y esto fue seguido por cincuenta años de carpeteo. Bastaba con que usted asistiera a tres actividades de masas de independencia para que la Policía le abriera un expediente, con el diseño personal del director del FBI Edgar Hoover, como si se tratara de criminales.

No es solo un problema de la Policía. Este es nada más que un síntoma. Es una enfermedad social que tiene múltiples síntomas. La criminalidad, la drogadicción, el tráfico de drogas, la corrupción en el

gobierno son parte del deterioro moral que caracterizan a las épocas de crisis social y política. Se avecinan grandes cambios que deberán dar al traste con este estado de cosas.

La pacha mama

Los pueblos originarios llaman a la tierra *la pacha mama*. No solo es la madre. Es la madre grande y es también la que nos alimenta y nos alienta en su seno. Sé de culturas cuyos integrantes, al despertar en las mañanas, lo primero que hacen es correr a los árboles, abrazarlos y hablarles con dulzura y agradecimiento. Esas mismas culturas originarias se levantan indignadas frente a la agresión de que es víctima la naturaleza bajo los avasalladores sistemas de explotación fundados en el lucro individual.

El gran pensador Carlos Marx, en el tercer tomo de *El Capital*, habla de la renta de la tierra. Destaca que es un recurso libre, gratuito, que es un atropello apropiárselo y someterlo a la especulación por dinero. Es un factor de producción, factor indispensable, como lo es también el recurso humano.

De hecho, la tierra es la fuente primaria de la riqueza en cualquier país. Sin ella no es posible la materia prima que, al ser transformada mediante la acción de la mano e inteligencia del hombre y la mujer se convierte en bienes útiles para la sociedad. Se trata de los bienes que bajo el sistema capitalista conocemos como mercancía.

Durante el pasado siglo puertorriqueño, como parte del sometimiento colonial, se nos trató de hacer creer que nuestra pacha mama era incapaz de producir lo necesario para la subsistencia. Se nos recalcó nuestra pequeñez territorial mientras corporaciones extranjeras nos sometían a un feroz y absurdo monocultivo de la caña de azúcar, que solo a ellos beneficiaba, en tanto la mitad del pueblo quedaba en el desamparo y la otra mitad en un empleo parcial. El "tiempo muerto" de la caña era un tiempo de hambre, miseria y muerte.

Luego vino la industrialización, no basada en posibles materias primas provenientes de nuestra tierra, sino sobre la base de los intereses transitorios de empresas radicadas en el exterior que ofrecían salarios de hambre. Su estabilidad en nuestro país dependía de los periplos del mercado internacional. Una de las consecuencias de estos vaivenes fue el desarrollo tortuoso de nuestro movimiento obrero, históricamente uno de los instrumento de vanguardia de la lucha social de los pueblos. El desarrollo del nuestro se interrumpía cada vez que la economía cambiaba de rumbo.

La caída de la agricultura se llevó el movimiento sindical que ya construía en 1945 una central obrera en la Confederación General de Trabajadores, la CGT. Más tarde en la década del setenta la caída de la industria petroquímica se llevó consigo poderosos sindicatos que adelantaban grandes luchas en esos años. Hoy el sindicalismo se debate entre caer y levantar cabeza ante esa falta de coherencia y consecuencia histórica.

Como anticipamos en reciente escrito, se avecina una gran crisis social y política que parece que nos cogerá *esnú*, sin los instrumentos de lucha apropiados.

Muy pronto no habrá cupones de alimentos y otras ayudas directas a las personas, y los Estados Unidos buscarán la manera de salir de nosotros al no serles rentable. Mientras nos aproximamos a los grandes cambios, manejaremos la opción del desarrollo de la agricultura diversificada y la constitución de cooperativas de trabajadores que pongan a producir las miles de fincas existentes, sin que en ello medie la explotación de unos sobre otros. De ahí nacerán industrias procesadoras de alimentos y otros productos. Una industrialización basada en nuestra realidad, que nos abra camino para el comercio internacional. Tenemos que ir construyendo economías paralelas que sean en su día la principal fuente de vida.

Puertorriqueños conscientes y de buena voluntad (estudiantes, trabajadores, agrónomos, dueños y operadores de fincas, pequeños empresarios) hoy trabajan hacia ese propósito. Es un retorno a la fuente primaria de vida, la madre tierra.

Las mejores tierras

No son los gigantes contra los que luchó Don Quijote de la Mancha. Son aun más grandes. Superan en tamaño a la Estatua de la Libertad, aunque no abogan por ésta. La base de cada una cubre un cuarto de cuerda. Su altura es de 430 pies. Sus gigantescos brazos se extienden 335 pies. Se proyecta establecer 44 de estos monstruos en un valle agrícola del Sur de Puerto Rico, donde radican actividades de producción agraria que emplean a varios miles de puertorriqueños.

Se trata de los proyectados molinos de viento a operarse por una expresa de capital extranjero para la que el gobierno ha facilitado todos los permisos y trámites y le ha provisto tierras bajo la administración de la Autoridad de Tierras.

Detengámonos un poco para ver de qué tipo de terrenos se trata. Es nada menos que el Valle Agrícola de Santa Isabel, el suelo más fértil de Puerto Rico. Este valle recibió de parte del Departamento de Agricultura de los Estados Unidos la clasificación de *Prime Farm Land*. Solo el tres por ciento de las tierras del mundo tienen el equivalente de esta clasificación.

Además, el proyecto extranjero de molinos de viento no es uno que busca economía de espacio, tratándose de una isla pequeña, de solo medio millón de cuerdas. Pretenden explayar los 44 molinos en nada menos que tres mil setecientas cuerdas de terreno de ese valle.

Se trata de otro de los colosales disparates a que nos tiene acostumbrado el régimen colonial. Nos recuerda otro muy grande en la zona de Guayanillas-Peñuela. Las decenas de miles de cuerdas de terreno agrícola destruidas por lo que una vez fuera el complejo petroquímico de Puerto Rico. Allí radicó la CORCO, Union Carbide y otras empresas contaminantes. Hoy es un gigantesco adefesio de moho cuya desagradable vista parece interminable cuando transitamos frente a él desde y hacia la ciudad de Ponce. En otros tiempos fue una región agrícola altamente productiva que dio empleo y alimento a varias decenas de miles de puertorriqueños.

No es solo en Puerto Rico donde se toman decisiones disparatadas. El mundo parece volverse loco. Lo peor es que esta locura compromete el futuro de las generaciones venideras.

Las decisiones del mundo capitalista han puesto en peligro a la humanidad durante los último cuarenta años en múltiples ocasiones, y la posibilidad de una guerra nuclear ha sido una amenaza constante en los últimos sesenta años.

En tanto, el cambio climático ha elevado constantemente las temperaturas del mundo y el derretimiento de los glaciales amenaza con elevar los niveles del mar de forma muy peligrosa para la fauna y la flora, incluido los seres humanos.

A la naturaleza le tomó cientos de millones de años producir los recursos energéticos que la voracidad capitalista ha consumido en apenas dos siglos, según el documental del francés Yann Arthus Bertransd, titulado *Home*.

Puerto Rico, país de tierras fértiles, importa más del ochenta por ciento de los alimentos que consume. Son terrenos como los de Santa Isabel los que proveen ese quince o veinte por ciento de los alimentos que aún producimos en la Isla.

Hay que derrotar el proyecto de los molinos, y es el pueblo el llamado a hacerlo. En el pasado obtuvimos grandes victorias en esa área. Las generaciones actuales deben saber que en Puerto Rico nuestro pueblo derrotó un proyecto monstruoso y también contaminante de constituir la Isla en un superpuerto petrolero. También derrotamos un proyecto de una planta nuclear cuando ésta estaba próxima a inaugurarse. Y tuvimos el poder de sacar a la Marina de Guerra de Estados Unidos, primero de la isla de Culebra y luego de Vieques, victorias con la que inauguramos este siglo.

Defendamos nuestro futuro. Convirtámonos en muchos miles de quijotes contra los gigantes extranjeros del Sur.

Locos

Cuando el primer rebelde se levantó contra el Rey en París, se debió pensar que estaba loco. Tan inmenso el poder del Estado, ¿quién osa oponérsele? Pero ese "loco" inició un movimiento de masas que hizo rodar (literalmente) la cabeza de Luis XVI y dio nacimiento al mundo moderno. Libertad, Igualdad y Fraternidad fueron consignas proclamadas por las multitudes hambrientas. Para esos mismos días ideas similares habían dado nacimiento a una gran república en América y "locos" como Washington, Jefferson y Adams crearon un país llamado los Estados Unidos.

Bajo la inspiración de una rebelión de esclavos negros nació la primera república de América Latina: Haití. Eran los principios del siglo diecinueve, cuyas primeras tres décadas las ocupó la gesta libertadora de Bolívar en un proceso revolucionario que aún no termina.

Jesucristo fue otro "loco" de ideas proscritas, que enfrentó uno de los más poderosos imperios de todos los tiempos: el Imperio Romano. Murió defendiendo con verticalidad y valentía sus planteamientos revolucionarios. Inició uno de los más grandes y multitudinarios movimientos de la historia que perdura dos mil años después. Nunca antes ni después ninguna idea, como la cristiana, dejó mayor estela de mártires en el mundo.

Son locos que empujan la historia, inician grandes y profundos cambios, cambios que al establecerse como rutinarios y cotidianos, nadie se cuestiona cómo se arribó a ellos. Y ocurren en todos los campos del conocimiento.

Cuando Colón se planteó salir por el Oeste para llegar al Este muchos pensaron que estaba loco. Era tiempos de oscurantismo en que prevalecía la idea de que la Tierra era plana. Si navegas por mares desconocidos en dirección del Oeste a través del Atlántico llegarás a un punto en que caerás al vacío, le decían algunos "sabios". Los planes de Colón se fundaban en las teorías de un polaco llamado Copérnico, que decía que la Tierra era redonda.

¡Ése sí estaba de atar!

Por todo ese trasfondo histórico, en las democracias modernas las mayorías aprendieron a respetar las ideas de las minorías. Nunca se sabe cuándo pueden convertirse en mayorías.

En Puerto Rico tenemos nuestra propia experiencia histórica. Los independentistas, aún en mayoría en los treinta y cuarenta del siglo pasado (el Partido Independentista llegó segundo en las elecciones de 1952) fueron proscritos y criminalizados en los tiempos de la mordaza.

El 25 de julio de 1978 dos jóvenes fueron entrampados y asesinados en una montaña de Villalba y ello trajo a la luz pública una saga de persecuciones y atropellos sistemáticos y de décadas contra ese sector de ideas en el país. Nuestro compueblano Ángel Pérez Casillas, entonces director de la División de Inteligencia de la Policía, los llamó "locos" en unas vistas senatoriales cuando todavía prevalecía la versión oficial sobre los sucesos del Cerro Maravilla. Pero no tardó, en esas mismas Vistas Públicas televisadas, en aflorar la verdad y el mismo Pérez Casillas y otros fueron encarcelados por decenas de años, convictos de asesinato y otros crímenes.

"Quién tiene la razón y no está loco" es algo tan fluido como disímil.